DANS LA TÊTE DE VLADIMIR POUTINE

DU MÊME AUTEUR

Dostoïevski : roman et philosophie, PUF, 1998.
Manuel de survie dans les dîners en ville (avec Sven Ortoli), Seuil, 2007.
Les Insupportables (avec Sven Ortoli), Seuil, 2009.
L'Expérience extrême (avec Christophe Nick), Don Quichotte, 2010.
Dostoïevski : le roman du corps, J. Millon, 2013.

Ouvrage publié sous la direction de
Michel Parfenov

ISBN 978-2-330-03972-1

Michel Eltchaninoff

DANS LA TÊTE DE VLADIMIR POUTINE

essai

SOLIN
ACTES SUD

INTRODUCTION
POUTINE ET LA PHILOSOPHIE

Russie. Début janvier 2014. Les hauts fonctionnaires, les gouverneurs des régions, les cadres du parti Russie unie reçoivent un singulier cadeau de Nouvel An de la part de l'administration présidentielle : des ouvrages de philosophie ! *Nos missions* d'Ivan Ilyine, *La Philosophie de l'inégalité* de Nicolas Berdiaev, *La Justification du bien* de Vladimir Soloviev, œuvres de penseurs russes du XIXe et du XXe siècle. Si Gogol revenait, il décrirait ces imposants personnages, habitués aux restaurants chics et aux belles voitures, en train de peiner sur la lecture de pages emplies de spéculations sibyllines. Mais il faut s'y mettre, et passer des soirées à s'arracher les cheveux. Le président lui-même a récemment cité ces auteurs dans des discours décisifs, et il faut essayer de comprendre ce qu'il a voulu dire. Les plus persévérants ont d'ailleurs trouvé dans ces livres des formules qui résonnent étrangement, et ont senti comme une concordance des temps : le rôle du guide de la nation dans une démocratie authentique, l'importance d'être conservateur, le souci d'ancrer la morale dans la religion, la mission historique du peuple russe face à l'hostilité millénaire de l'Occident…

En février, certains de ces fonctionnaires – les départements de politique intérieure et des projets sociaux du Kremlin pour être précis – assistent à des conférences obligatoires sur le thème du conservatisme. En mars, c'est au tour des cadres de Russie unie de devoir assister aux cours de l'Université civique[1]. Mais ce programme de rattrapage en philosophie est bouleversé par un événement historique, l'annexion de la Crimée. Ce n'est pas une raison pour abandonner l'effort, au contraire. La preuve, du 10 au 20 août se tient dans la Crimée juste conquise le forum de la jeunesse Tauride 2014. Des philosophes viennent expliquer aux jeunes les sources intellectuelles et l'actualité du "tournant conservateur" inauguré par Vladimir Poutine. Parmi eux, un enseignant de la prestigieuse université de Moscou. Boris Mejouev rappelle devant une salle comble que la grande alternative quant au destin du pays est la suivante : "S'édifier comme une civilisation séparée (…) ou se penser comme le sauveur conservateur de l'Europe[2]." Plusieurs historiens de la philosophie, spécialistes de pensée russe, l'accompagnent. Au même moment, dans un magnifique palais de bord de mer, ancienne résidence de l'empereur Alexandre III, d'autres philosophes interviennent sur la "pensée conservatrice en Russie" ou sur le "retour de la Crimée à la Russie comme nouvelle étape de la formation de l'État russe : du déclin des années 1980 et 1990 à une étape de consolidation". La philosophie

1. "Berdiaev à la sauce Poutine", par Natalia Galimova, article paru sur le site Internet Gazeta.ru, 16 mai 2014.
2. Site Internet du Front populaire russe, 18 août 2014.

est partout dans la Russie de 2014. Et c'est le président lui-même qui imprime ce mouvement avec ses citations de penseurs.

Poutine serait-il féru de philosophie ? Allons donc ! L'homme préfère l'histoire, la littérature, et surtout le sport. Il n'est pas un intellectuel. Il adore raconter sa jeunesse de voyou et d'espion plutôt que d'évoquer ses études à la faculté de droit de Saint-Pétersbourg. Il montre dès qu'il le peut qu'il préfère les grands espaces et les exploits physiques aux cabinets de lecture. Et lorsqu'il évoque la philosophie, c'est pour se moquer de ceux qui coupent les cheveux en quatre, ou pour avouer son ignorance. Ou alors il la comprend, comme beaucoup de Russes, dans le sens de sagesse orientale. Il cite volontiers Lao Tseu, "grand philosophe oriental[1]", et considère que le judo, qu'il pratique, est la vraie philosophie. Bref, personne n'oserait faire de Poutine un intellectuel.

En tant que dirigeant politique, d'ailleurs, il ne souhaite pas imposer une idéologie d'État sur le mode soviétique. Dans le texte programmatique qu'il publie au moment même où il accède à la présidence par intérim, "La Russie au tournant du millénaire", il se démarque du passé communiste : "Je suis opposé à la restauration en Russie d'une idéologie d'État officielle

1. Intervention lors du sommet "Business et globalisation", 15 novembre 2000, Brunei. La quasi-totalité des interventions et des discours de Poutine peut être consultée, en russe, sur le site de la présidence de la Russie Kremlin.ru. Nous traduisons à chaque fois.

sous quelque forme que ce soit. Dans la Russie démocratique il ne doit y avoir aucun consensus civil forcé[1]." Il le répétera régulièrement : "Je ne crois pas qu'il nous faille une idéologie et une philosophie dominantes. Mais l'État, bien sûr, peut être dirigé par un philosophe – à condition qu'il partage cette vision des choses[2]." Poutine n'a rien contre les métaphysiciens, mais il ne veut pas d'un philosophe-roi platonicien.

Enfin et surtout, Vladimir Poutine est un réaliste. Il adapte son discours au gré des circonstances politiques et ne tient à être enchaîné par aucun carcan idéologique. Il veut garder l'initiative. Il est entouré d'une nuée de *speechwriters* qui lui proposent des références philosophiques multiples et mouvantes. Toutes les personnes que nous avons interrogées, qu'ils soient anciens conseillers du président, commentateurs ou intellectuels, récusent l'idée d'une "philosophie de Poutine". Ce serait trop simple. Mais un détail est significatif. Après avoir nié que Poutine possède ou applique une théorie philosophique précise, ils se mettent tous à énumérer les noms des grands penseurs qui, d'après eux, influencent sa vision du monde et son action, et expliquent en quoi Poutine reprend tel ou tel aspect de leurs théories.

1. "La Russie au tournant du millénaire", article paru le 30 décembre 1999 dans plusieurs journaux. Voir par exemple le site de *Nezavissimaya Gazeta*, www.ng.ru/politics/1999-12-30/4_millenium.html.
2. Rencontre avec les étudiants de l'université de Kaliningrad, 27 juin 2003, Kaliningrad.

Poutine est en réalité influencé par certaines idées philosophiques. Cela transparaît dans ses discours et dans son action. Il est ce qu'on peut appeler un Soviétique de base. Comme tous les citoyens d'URSS, il a été élevé dans le respect quasi religieux des livres et des grands noms de la culture. En Union soviétique comme en Russie, on ne se moque ni de la culture, ni de la philosophie, que les étudiants de toute discipline devaient aborder à l'université. Durant ses études, Vladimir Poutine a appris le nom et la doctrine des grands penseurs russes et étrangers. Par ailleurs, revenu de RDA à la chute du mur de Berlin après cinq ans de mission pour le KGB, il est certainement surpris de la floraison éditoriale qui a eu lieu en son absence. En quelques années de perestroïka, de nombreux auteurs sont publiés pour la première fois ou réédités – les philosophes religieux, les penseurs émigrés, les grands auteurs étrangers naguère interdits. La philosophie est alors très à la mode. En 1994, Soljenitsyne revient en Russie et fait renaître des idées que l'on croyait disparues. Par ailleurs, la ville natale de Poutine, Saint-Pétersbourg, est une capitale intellectuelle. De nombreux philosophes plus ou moins dissidents y vivent. Il est possible qu'il en ait croisé quelques-uns. Dans tous les cas, il ne peut pas ne pas être interpellé par l'ambiance effervescente de l'époque, d'autant qu'une section spécialisée du KGB suit les débats d'idées qui travaillent la société. Il suffit d'ailleurs d'allumer la télévision pour écouter des débats passionnés sur ce pan de la culture niée ou défigurée par la propagande soviétique.

Une fois parvenu, en 2000, à la présidence du pays, s'il se veut pragmatique et souple, Poutine a besoin de repères idéologiques dans un pays divisé entre nostalgiques du soviétisme, démocrates anticommunistes, nationalistes plus ou moins pro-soviétiques… Il veut rassurer ses concitoyens sur la solidité de sa pensée et de son action. Les gens doivent entendre un discours structuré. Il faut galvaniser le peuple pour reconstruire le pays et donner une direction claire aux fonctionnaires. Dans un pays où le mécanisme des décisions politiques est toujours très opaque, chacun de ses mots est scruté. Ce n'est donc pas du tout un hasard si, comme nous le verrons, Poutine cite tel ou tel philosophe dans ses discours, notamment dans ses grandes adresses à la nation ou à ses représentants.

Poutine, nous le verrons, a évolué de 2000 à nos jours. Il n'a pas changé ses convictions, mais il a de plus en plus osé les exprimer, à mesure qu'elles se cristallisaient et profitaient de références nouvelles. Son deuxième mandat, de 2004 à 2008, est marqué, nous le verrons, par une nette crispation. Son troisième, commencé en 2012, a carrément débuté sous le signe de la revanche – contre les manifestants opposés à son retour au pouvoir et contre l'Occident. Il a pris un tournant conservateur en 2013. Il est devenu impérialiste l'année suivante. De plus en plus nettement, Poutine incarne la revanche de ceux qui n'ont pas supporté la chute de l'URSS et sa métamorphose en démocratie. Le président russe veut également laisser sa marque dans l'histoire. Pour cela, des idées profondément ancrées dans l'histoire du pays sont indispensables. Le fait de savoir s'il y croit ou non est secondaire. Vladimir Poutine est peut-être, comme Dimitri Karamazov, le héros de Dostoïevski, une “nature large”, à la fois cynique et idéaliste, avec sincérité dans les deux cas.

Avant d’explorer les vecteurs philosophiques du poutinisme, disons un mot sur l’entourage du président. Qui lui parle de philosophie ? Qui s’enthousiasme devant lui de ses dernières lectures ? Qui lui fait lire des passages écrits il y a cent ans, mais qui paraissent s’appliquer à la situation actuelle ? Les deux plus célèbres conseillers de Poutine sont actuellement sur la touche. Vladislav Sourkov, que la presse considérait comme son “Raspoutine”, ce talentueux créateur du concept de “démocratie souveraine”, cet expert en “technologies politiques”, qui faisait naître des partis *ad hoc* ou des mouvements de jeunesse, a perdu son influence après les mouvements de protestation de fin 2011. Il aurait trop finement joué avec l’opposition, au risque de devenir inaudible, voire dangereux. Gleb Pavlovski, qui fournissait des idées à Poutine dans les années 2000, à l’époque de la “démocratie dirigée”, ne fait plus partie de l’entourage intellectuel du président. Poutine, d’après nos interlocuteurs, ne lit pas les journaux et ne consulte pas Internet, qui ne lui inspire pas confiance. Il s’informe à partir des fiches qu’on lui transmet ou des dossiers rouges que ses collaborateurs déposent sur son bureau. Qui lui fournit les informations dont il a besoin pour agir ?

Ce sont d’abord ses amis et alliés proches du clan des *silovikis*, issus pour la plupart de l’armée, de la police ou des services secrets, et souvent originaires, comme lui, de Saint-Pétersbourg. En croisant les sources et les déclarations de nos interlocuteurs russes, nous pouvons citer une demi-douzaine de personnes qui côtoient quasi quotidiennement le président dans le cadre de son action politique : Alexandre Bortnikov, directeur du FSB depuis 2008 ; Alexandre Bastrykine, président du Comité d'enquête de la Fédération de Russie, un criminologue et un très ancien camarade de Poutine ; Igor Setchine, un autre Pétersbourgeois très proche de Poutine, président du conseil d'administration du groupe pétrolier Rosneft, soupçonné d'être l'un des principaux responsables de la mise en détention de Mikhaïl Khodorkovski, et que le *Financial Times* considérait en 2010 comme le "troisième homme du pouvoir" (après Poutine et Medvedev) ; Youri Kovaltchouk, oligarque très impliqué dans la banque et les médias ; Vladimir Yakounine, qui préside la Société russe des chemins de fer ; le ministre de la Défense Sergueï Choïgou ; et dans une moindre mesure Dmitri Rogozine, vice-Premier ministre chargé du secteur militaro-industriel, très actif durant la crise ukrainienne… Parmi ce groupe, le plus impliqué dans l'étude de la pensée russe et une vision conservatrice du monde est Vladimir Yakounine. Ayant obtenu un doctorat en science politique, il organise à grands frais des rencontres intellectuelles autour du "Dialogue des civilisations". Et défend des positions violemment antioccidentales. Très croyant, il se rend à Jérusalem chaque année, à l'office de Pâques, afin d'en rapporter la flamme du "feu sacré" qui y apparaîtrait miraculeusement. Il se veut donc un des fers de lance d'une renaissance religieuse et morale de la Russie. Enfin, s'ils ne sont pas des politiques, deux autres hommes influencent la réflexion du président russe. Le célèbre cinéaste Nikita Mikhalkov, depuis deux décennies, prétend incarner le renouveau d'une "Russie blanche" après la chute du communisme. Il doit parler de ses lectures au président, dont il est proche. Nous verrons qu'il lui a fait connaître l'œuvre du philosophe Ivan Ilyine. Enfin, Poutine aurait un confesseur, le père Tikhone Chevkounov. Cet ancien étudiant de l'école de cinéma de Moscou est maintenant supérieur du monastère de la Rencontre (Sretenski) dans le centre de Moscou. Il est puissant et craint. On lui prête une réelle influence sur le président[1].

Qu'émerge-t-il de ces rencontres, de ces récits de lecture, de cette vision du monde partagée entre compagnons ? Une doctrine, que l'on devinait confusément depuis quelques années, se dégage de plus en plus clairement. Tout comme le personnage de Poutine, impénétrable et imprévisible, elle est complexe. Mais après avoir lu et relu, nous aussi, nos classiques de la pensée russe (pas toujours traduits en français), interrogé des commentateurs avisés et des acteurs de la vie intellectuelle en Russie, décortiqué les discours de Vladimir Poutine depuis son accession à la présidence, un tableau s'esquisse. Cette doctrine s'étage sur plusieurs plans : à partir d'un héritage soviétique assumé et d'un libéralisme feint, le premier plan est

1. Voir notamment un article du *FT Magazine*, "Putin and the monk", par Charles Clover, 25 janvier 2013.

une vision conservatrice. Le deuxième, une théorie de la Voie russe. Le troisième, un rêve impérial inspiré des penseurs eurasistes. Le tout sous le signe d'une philosophie à prétention scientifique.

Cette doctrine hybride et mouvante nous promet à tous un avenir agité. Voyons.

I

DES SOVIETS AVANT TOUTE CHOSE

Poutine cherche-t-il à reconstruire l'URSS ? Son projet d'Union eurasiatique et son offensive en Ukraine le laissent croire. Et si c'est le cas, est-il un nostalgique de l'Union soviétique ? Examinons les faits. S'il est soviétophile, c'est d'abord par fidélité à ses racines. Vladimir Poutine naît dans la ville de la révolution russe, Leningrad. En 1952 cette cité famélique et délabrée porte encore les traces d'un blocus meurtrier de presque deux ans et demi. Staline est toujours vivant. Le père de Vladimir Poutine a combattu et a été blessé durant la Seconde Guerre mondiale au sein des forces du NKVD, la police politique, chargé des prisonniers et de l'application des ordres du haut commandement. Ouvrier qualifié dans une usine fabriquant des wagons de chemin de fer, il est inscrit au Parti communiste. Il a été membre, plusieurs années durant, de la section du Parti de son usine. Sa mère, croyante alors que le père est athée, vit de petits travaux. Le grand-père de Vladimir Vladimirovitch, lui, a eu un destin nettement moins ordinaire au sein du régime communiste. Juste après son accession à la présidence de la Russie, Poutine a dû s'expliquer sur ce point : "Que penserait votre grand-père de son petit-fils, devenu un président démocratiquement élu ?", lui demande un journaliste américain. Réponse légèrement embarrassée : "Le fait que mon grand-père ait travaillé comme cuisinier chez Staline ne dit absolument rien de ses opinions politiques. C'était alors un autre pays, avec une autre vie[1]"… Après avoir cuisiné pour Lénine, l'aïeul a en effet servi Staline, avant de terminer ses jours dans une maison de repos du Parti.

Malgré cette généalogie sans dissidence, le jeune Vladimir est à mille lieues de toute ferveur léniniste. D'après ce que nous savons de lui – et nous ne savons que ce qu'il a bien voulu raconter, puisqu'il a fermement verrouillé sa biographie dès son arrivée au pouvoir[2] –, il n'a jamais vraiment cru au communisme. Il ne cite pratiquement pas Marx dans ses discours ou ses entretiens, sinon pour le critiquer. Lors d'une rencontre avec les acteurs du monde de la culture, en août 2014, par exemple, il plaisante quand son interlocuteur cite Marx et Engels : "Ce sont les Allemands qui sont coupables, ce sont eux qui nous les ont imposés, en exportant leur marxisme chez nous[3]…" Il affirme souvent n'avoir jamais cru à l'idéal d'une société sans classe : "J'étais convaincu que l'idée communiste n'était rien de plus qu'une belle histoire, mais (…) une belle histoire dangereuse (…) menant à une

1. Interview sur la chaîne de télévision américaine NBC, 2 juin 2000.

2. C'est ce qu'explique bien Masha Gessen dans *Poutine. L'homme sans visage*, Fayard, 2012.

3. Entretien avec les acteurs de la culture, 14 août 2014, Yalta.

impasse non seulement idéologique, mais aussi économique[1]." C'est un point crucial : travaillant au sein du KGB, et connaissant parfaitement le retard de développement de l'URSS par rapport aux pays développés, Vladimir Poutine sait, dès "le milieu ou la fin des années 1980[2]", que le système économique étatique avance sûrement vers la faillite. Il s'affirme donc toujours plutôt libéral sur le plan économique. S'il n'est pas anticommuniste, le jeune homme, comme beaucoup de ses concitoyens, ne croit ni à la propagande ni même au rêve d'une société sans classe. Pragmatique, il constate l'échec de l'économie planifiée.

Vladimir Poutine partage cependant pleinement les valeurs cardinales de la société soviétique. Il n'a peut-être pas les mêmes convictions politiques que son grand-père ou que son père, mais il affirme partager avec eux l'essentiel : le patriotisme. Poursuivant sa réponse sur ses aïeux, il contre-attaque : "Tous les membres de ma famille aimaient, aiment la Russie, se sont montrés patriotes envers ma Patrie et m'ont élevé précisément dans cet esprit[3]." Selon lui, en effet, avant toute idéologie communiste, ce que l'on enseignait en Union soviétique était "l'amour de sa patrie[4]".

Autre valeur cardinale de la vie soviétique dans laquelle baigne le jeune homme : la culture militaire.

1. Interview NBC, 2 juin 2000.
2. Interview à la BBC, 5 mars 2000.
3. Interview NBC, 2 juin 2000.
4. *Ibid.*

Dans ses chroniques de la vie soviétique, l'écrivain biélorusse Svetlana Alexievitch insiste sur ce trait, fondamental pour comprendre les événements d'aujourd'hui : "Notre pays était un pays militaire, 70 % de notre économie était au service de l'armée. Et nos meilleurs cerveaux aussi. Les physiciens, les mathématiciens…" Tous, hommes, femmes, enfants, étaient soumis à "l'idéologie militaire[1]". L'éducation était militariste, les enfants devant lire de la littérature de guerre pour se préparer au sacrifice. Le service militaire, avec ses bizutages atroces et ses rites d'initiation virils, constituait un des moments les plus importants de la vie soviétique. En général, l'ambiance de l'existence tout entière était martiale, entre défilés, culte des héros et des martyrs, discipline collective : "On croyait qu'un jour, on vivrait bien. Attends, supporte… Attends, sois patiente… On a passé toute notre vie dans des casernes, dans des dortoirs, des baraquements", rapporte encore Svetlana Alexievitch[2]. Même aujourd'hui la manière de parler des civils, de s'adresser aux autres, dans toute la zone ex-soviétique, est empreinte d'une sèche efficacité militaire. D'ailleurs, dans la lutte grandiose entre monde capitaliste et monde communiste, résume un autre de ces Soviétiques moyens interrogés par Svetlana Alexievitch, "il n'y a pas de frontière entre l'état de paix et l'état de guerre. Nous sommes toujours en guerre[3]". Ayant grandi, quelques

1. Svetlana Alexievitch, *La Fin de l'homme rouge*, Actes Sud, 2013, p. 149.
2. *Ibid.*, p. 109.
3. *Ibid.*, p. 46.

années après la fin du conflit, dans la "ville-héros" dont la mémoire demeure intouchable, Vladimir Poutine est l'enfant de ce militarisme du quotidien. Il n'a pourtant pas combattu. Il est né après la Seconde Guerre mondiale, n'a pas participé à l'invasion de l'Afghanistan entre 1979 et 1989. Durant le premier conflit tchétchène (1994-1996), il est déjà un fonctionnaire haut placé. Quant à la seconde guerre de Tchétchénie, à partir de 1999, c'est lui qui la déclenche. Vladimir Poutine est d'autant plus martial qu'il n'a jamais connu la guerre. S'il aime à projeter l'image d'un héros viril, c'est qu'il est hanté par elle.

Un trait important de cette culture militariste détermine la philosophie de l'histoire spontanée de nombreux Soviétiques. C'est l'URSS qui, la première, a stoppé la progression allemande, a fait plier l'armée adverse à Stalingrad puis l'a fait reculer jusqu'à Berlin. Staline, qui avait pactisé avec Hitler, est devenu aux yeux du monde le grand vainqueur du conflit. La culture de la guerre permanente est aussi celle de la victoire. Et celle-ci, aux yeux des dirigeants russes et soviétiques, donne des droits. Dans son exaltation croissante de l'armée, accompagnée d'une augmentation de son budget, Vladimir Poutine, au début de son troisième mandat en 2012, s'appuie sur la victoire contre le nazisme pour attribuer à la Russie une sorte de supériorité morale dans les relations internationales. Dans son discours prononcé durant la parade du 9 mai, il clame : "Nous avons un immense droit moral, celui de défendre nos positions de manière fondamentale et durable. Parce que c'est précisément notre pays qui a subi le gros de l'offensive nazie (...) et a offert la liberté aux peuples du monde entier[1]." Personne ne soupçonnait encore que la rhétorique traditionnelle, qui oppose le soldat libérateur des peuples au "fasciste", selon la terminologie consacrée en URSS, allait réapparaître pour justifier l'intervention russe en Ukraine. Mais l'argument, lui, est déjà en place.

Une autre institution soviétique occupe une place fondamentale dans la vie de Vladimir Poutine, il s'agit du KGB (Comité de sécurité de l'État), devenu FSB (Service fédéral de sécurité) après la chute de l'URSS. D'après la légende qu'il a lui-même construite et soigneusement contrôlée, le jeune homme de seize ans se serait présenté au siège du KGB de Leningrad afin de défendre sa patrie. On lui aurait alors conseillé de faire d'abord des études, avant de l'embaucher quelques années plus tard. Poutine, dans les biographies autorisées et dans ses entretiens, a valorisé l'image romantique de l'espion incorruptible et valeureux, et a voulu faire oublier les centaines de milliers de victimes de la police politique sous Staline, puis l'impitoyable chasse aux dissidents et autres déviants, à laquelle il a certainement participé. Selon lui, le KGB-FSB est le corps d'élite de la patrie soviétique. Si les leaders politiques communistes sont corrompus, si leur action est entravée par l'idéologie, la police secrète, elle, est au courant du retard du bloc communiste et constitue le fer de lance de la renaissance du pays. Bref, l'idéal est une

1. Discours du 9 mai 2012, durant la parade pour le 67e anniversaire de la victoire de la Seconde Guerre mondiale.

police politique au pouvoir, libérée de la tutelle du Parti. Il l'affirme clairement dès son arrivée à la tête de l'État : "Le KGB était une organisation idéologique, servant les intérêts d'un parti au pouvoir – le Parti communiste de l'Union soviétique. Maintenant, chez nous, Dieu soit loué, il n'y a plus de parti au pouvoir, plus d'idéologie communiste étatique[1]." Désormais, le FSB peut accomplir sa mission les mains libres : "Défendre les intérêts de l'État[2]." Vladimir Poutine vante d'ailleurs les qualités professionnelles que développe le métier d'espion : "Les compétences pour travailler avec les gens : savoir écouter, savoir entendre[3]." Cette faculté consistant à mettre en confiance son interlocuteur et à s'adapter à lui a souvent été relevée par ceux qui ont rencontré Poutine. Lui-même ne se définissait-il pas, dans sa jeunesse, comme un "spécialiste en relations humaines[4]" ?

Cette opposition à l'idéologie marxiste-léniniste doublée d'une fidélité sans faille à l'Union soviétique et à l'une de ses institutions majeures, la police politique, rend la position de Poutine vis-à-vis du siècle soviétique pour le moins complaisante. Ce qui est certain, c'est qu'il n'a jamais voulu mettre en place

1. Interview sur la chaîne américaine NBC, 2 juin 2000.

2. *Ibid.*

3. *Ibid.*

4. Témoignage de son ami Sergueï Roldouguine, cité dans la première biographie autorisée de Poutine, *À la première personne. Conversations avec Vladimir Poutine*, par Natalia Guevorkian, Natalia Timakova, Andreï Kolesnikov (*Ot pervogo litsa : Razgovory s Vladimirom Putinym*, http://archive.kremlin.ru/articles/bookchapter1.shtml).

une remise en question du passé soviétique. Boris Eltsine, le premier président démocratiquement élu, avait déjà refusé la proposition de l'ancien dissident Vladimir Boukovski d'organiser un "procès de Nuremberg" des dirigeants soviétiques. Quelques années plus tard, Poutine ne semble pas envisager une seule seconde une telle possibilité. Il n'est pas non plus question pour lui de proposer un travail de mémoire sur le siècle communiste et ses répressions, qui aurait empêché la renaissance subreptice de ses valeurs et de ses discours. Il considère que le peuple russe a suffisamment souffert lors de la décennie libre, mais instable, qui a suivi la chute de l'URSS. La priorité qu'il accorde à la stabilisation sociale lui permet d'éviter l'examen de conscience collectif. Habilement, il avance que "se mettre au clair avec le communisme ne veut pas dire organiser des purges et poursuivre les gens sur le seul fondement qu'ils auraient été membres du Parti communiste ou auraient travaillé dans certaines organisations militarisées liées avec le Parti. Ce serait la plus grande des erreurs. Cela sèmerait la zizanie dans toute la société[1]". Il suffit, continue-t-il, de se débarrasser de l'idéologie communiste et d'un parti unique au pouvoir. Tout en prétendant afficher une position équilibrée, il réhabilite certains aspects de la culture soviétique. Il résout ainsi la question extrêmement sensible des symboles nationaux : il en donne un peu à tout le monde. Le drapeau russe ne sera ni le drapeau impérial ni le drapeau soviétique, mais celui, blanc, bleu et rouge, de la Russie libérée du

1. Interview accordée au *Figaro*, 26 octobre 2000.

tsarisme, celui de la révolution de février 1917. Les paroles de l'hymne national seront réécrites, mais par celui qui avait composé l'hymne soviétique : Sergueï Mikhalkov, célèbre écrivain bien en cour à l'époque communiste, et père du cinéaste. La mélodie restera celle de l'hymne soviétique. Le blason, avec son aigle à deux têtes, rendra son dû à la Russie impériale. Mais le drapeau de l'armée restera celui de l'Armée rouge. "Comme si nous n'avions rien d'autre à nous rappeler de l'époque soviétique que les camps staliniens et les répressions[1] ?", plaide-t-il avant de citer les grands noms de la conquête spatiale pour justifier le retour des symboles soviétiques. Arguant qu'une majorité de ses concitoyens se prononce pour la conservation de la mélodie soviétique, Poutine conclut avec un argument affectif : "Si nous sommes d'accord avec le fait qu'il ne faut pas utiliser de symboles d'époques précédentes, y compris de l'époque soviétique, alors nous devons admettre que des générations entières de nos concitoyens, nos mères et nos pères ont vécu une vie inutile et absurde, qu'ils ont vécu cette vie pour rien. Je ne peux accepter ceci ni avec ma tête, ni avec mon cœur[2]." Au nom de la réconciliation nationale, de la continuité historique et de la piété filiale, Vladimir Poutine a définitivement interdit tout retour critique sur un passé tout proche et tragique.

---

1. Déclaration sur la modification des symboles nationaux, 4 décembre 2000.
2. *Ibid.*

Ce mélange de volonté politique conciliatrice, de vision en profondeur de l'histoire et de sentimentalisme lui a peu à peu permis de préciser sa vision de l'URSS. Il a modestement commencé par les effets de sa chute en 1991. Lors de sa première *ligne directe* avec le peuple, un grand show télévisé avec questions-réponses, il teste la formule suivante : "Celui qui ne regrette pas la destruction de l'Union soviétique n'a pas de cœur. Et celui qui veut sa reconstruction à l'identique n'a pas de tête[1]." Quelques années plus tard, c'est pendant la très officielle adresse à l'Assemblée fédérale des deux Chambres que Poutine formule, sur un mode plus ferme, une formule qui restera célèbre : "Avant toute chose, il faut reconnaître que la chute de l'URSS a été la plus grande catastrophe géopolitique du siècle[2]" – pas la Seconde Guerre mondiale, donc, ou la révolution russe, ou encore le rapt de l'Europe centrale et orientale par Staline. Mais là encore, le président prend plaisir à réfuter ceux qui l'accusent de regretter l'un des régimes les plus sanglants du XXe siècle. Il explique que son propos était surtout d'ordre humanitaire : "Qu'est-ce que la chute de l'Union soviétique ? Vingt-cinq millions de citoyens soviétiques, des Russes ethniques se sont retrouvés hors des frontières de la nouvelle Russie. Et personne n'a pensé à eux. Vingt-cinq millions, c'est un gros pays européen. Dans quelle situation se sont-ils retrouvés ? Dans la position d'étrangers. Et quelqu'un leur a-t-il demandé leur avis ? (…) C'est pourquoi

1. *Ligne directe* avec les lecteurs du quotidien *Komsomolskaïa Pravda*, 9 février 2000.

2. Adresse à l'Assemblée fédérale, 25 avril 2005, Moscou.

vingt-cinq millions se sont retrouvés de l'autre côté de la frontière sans ressources, dans un contexte de nationalisme en progression, sans pouvoir partir dans la nouvelle Russie, dans leur patrie historique, sans pouvoir voir leurs proches, parce qu'ils n'avaient même pas assez d'argent pour s'acheter un billet de train ou d'avion. Ils n'avaient pas d'appartement en Russie. Ils n'avaient nulle part où vivre, où travailler. Ce n'est pas une tragédie, ça ? Voilà ce que j'avais en vue [en prononçant cette formule]. Je visais non pas la composante politique de la chute de l'URSS, mais son aspect humanitaire. Ce n'est pas une tragédie, ça ? Oh, si, et quelle tragédie[1] !" Qui imaginait alors qu'un jour, le président russe chercherait à venir militairement en aide à certains de ces citoyens ?

Il faut également attendre l'année 2014 pour comprendre le fond de la pensée de Vladimir Poutine sur l'effondrement de l'URSS. La déclaration de 2005 se voulait objective et humanitaire. Mais le jour où il prononce son grand discours célébrant l'annexion de la Crimée, le 18 mars 2014, le président ajoute à sa formule habituelle un adverbe qui dit tout : "Ce qui semblait incroyable, *malheureusement*, est devenu une réalité : l'URSS s'est désintégrée[2]." Et s'il se permet, quinze ans après son arrivée au pouvoir, ce jugement de valeur, c'est pour une raison simple : avec son opération militaire en Ukraine, il commence à réparer le

1. Interview accordée à l'hebdomadaire *Time*, 19 décembre 2007.
2. Adresse du président à la Fédération de Russie, 18 mars 2014, Moscou. Nous soulignons.

mal. L'idée selon laquelle la chute de l'URSS est non seulement une catastrophe humaine mais aussi une erreur de l'histoire à corriger n'est pas neuve, en réalité. On pouvait déjà en déceler des indices, prégnants et concordants. Premier indice : Poutine a toujours affirmé que la fin du communisme a provoqué un grave problème, celui du "vide idéologique[1]". Certes, il affirme, nous l'avons vu, qu'il est "opposé à la restauration d'une idéologie officielle de l'État russe", soulignant que cette restauration ne peut être que "volontaire[2]". Mais il va tout faire pour faire émerger une idéologie de remplacement qui comporterait tous les points qu'il juge positifs dans le système soviétique – c'est-à-dire tout sauf l'idée communiste. Deuxième indice : au même moment, en 1999, juste avant son accession au poste de Premier ministre de Boris Eltsine, la Russie se sent humiliée par l'Otan qui intervient militairement en Serbie et au Kosovo. Cette attaque d'un allié historique de la Russie, sans mandat du Conseil de sécurité de l'ONU, et avec des motifs moraux, fait enrager la population russe et ses dirigeants. Notre conviction est que la carrière politique de Poutine est marquée par le projet de se venger de cet épisode[3]. D'ailleurs, lorsque la Russie envahit la Géorgie en 2008 ou intervient en Ukraine en 2014, la rhétorique humanitaire est utilisée de manière démonstrative, presque parodique par

1. Interview sur la chaîne de télévision américaine CNN, 8 septembre 2000, New York.

2. "La Russie au tournant du millénaire", *op. cit.*

3. Il la critique vertement, par exemple lors d'un entretien le 15 janvier 2000 à la chaîne de télévision russe ORT.

les autorités russes, comme un retour grinçant à l'envoyeur. Les années 1990 sont vécues par une partie de l'élite soviétique comme une série de camouflets infligés par des démocraties occidentales jugées hypocrites et brutales. Troisième indice : la réhabilitation grandissante, au cours des années 2000 et 2010, des figures les plus criminelles de l'histoire soviétique, Staline en tête. Dès 2002, Poutine propose, dans sa logique de l'époque, un jugement balancé : "Staline, bien sûr, est un dictateur. Il n'y a aucun doute là-dessus. (...) Le problème est que c'est précisément sous sa direction que le pays a gagné la Seconde Guerre mondiale. Cette victoire est largement liée à son nom. Et ignorer cette circonstance serait stupide[1]." À travers les manuels d'histoire, les affiches, les commémorations, les projets pour rebaptiser Volgograd Stalingrad, la Russie d'aujourd'hui réhabilite Staline. Poutine est passé du regret affectif et du souci humanitaire à une relecture prosoviétique et pro-stalinienne du siècle soviétique. Dernier exemple, le retour en grâce d'un autre symbole de la terreur soviétique. Le fondateur de la Tcheka, le sinistre Félix Dzerjinski, dont la statue s'élevait sur la place de la Loubianka à Moscou, est également en voie de réhabilitation. Le 22 septembre 2014, le site du ministère russe de l'Intérieur annonce qu'une division indépendante opérationnelle dépendant du ministère va "retrouver le nom de Division Dzerjinski". Le décret a été signé par le président russe. En 1991, le premier acte symbolique de la révolution démocratique qui a renversé le régime

1. Entretien accordé au quotidien *Gazeta Wyborcza* et à la chaîne de télévision polonaise TPV le 15 janvier 2002.

communiste a été de faire tomber la statue de Dzerjinski de son piédestal. L'heure est à la restauration.

Outre ce retour aux sources, la manière de penser de Vladimir Poutine demeure très soviétique. Nous avons interrogé à ce propos le politologue et journaliste Alexandre Morozov, l'un des meilleurs observateurs de la vie politique russe. Rédacteur en chef du site Russki Journal (Le journal russe), il reconnaît chez Poutine des structures de pensée spécifiques : "On voit à son vocabulaire qu'il s'appuie sur le langage de l'idéologie soviétique tardive, plus vraiment marxiste, qui était celle de sa jeunesse. Cela se voit dans sa manière de décrire l'Occident, qu'il assimile à tout ce qui est à l'ouest de la Fédération de Russie, ne comprenant pas que la notion d'Occident est aujourd'hui globale et désigne tout autant l'Asie du Sud. Il a également gardé, dans son langage public, un rapport totalement soviétique aux organisations internationales. Il est convaincu qu'il existe des centres mondiaux – les puissances nucléaires –, et que les organisations internationales n'ont qu'une importance très secondaire par rapport à elles. On voit enfin qu'il a gardé une représentation soviétique de la puissance de la Russie, au sens militaire et politique. Il ne dissimule pas une forme de mépris pour les petits peuples, notamment ceux qui se situent aux frontières de la Russie[1]." Cette manière de penser est désormais le substrat de sa conception de l'histoire et son action politique.

1. Entretien avec l'auteur.

II

KANT, PIERRE LE GRAND ET LA PHILOSOPHIE DU JUDO

Si Poutine n'a jamais pu ni voulu se débarrasser de son fond soviétique, il a enfilé, dans les années 1990 et le début des années 2000, les habits du libéral. Il se présente alors comme un démocrate désireux d'aider son pays à rejoindre les standards occidentaux et comme un partisan de l'économie de marché. Cette posture est-elle sincère ? Pourquoi Poutine, qui avait accroché un portrait de Pierre le Grand, l'empereur pro-européen, dans son bureau de la mairie de Saint-Pétersbourg au début des années 1990, l'a-t-il retiré de celui du Kremlin vingt ans plus tard ?

La thèse d'un Poutine libéral s'appuie sur plusieurs arguments. Poutine est né à Leningrad, l'ancienne Saint-Pétersbourg édifiée par la volonté de Pierre Ier, au début du XVIIIe siècle, qui voulait en faire, selon l'expression consacrée, une fenêtre sur l'Europe. Effectivement, cette cité devenue capitale de la Russie, "la ville la plus abstraite et la plus préméditée de la planète[1]" selon

1. F. Dostoïevski, *Carnets du sous-sol*, Actes Sud, "Babel", trad. André Markowicz, 1992, p. 15.

Dostoïevski, a joué un rôle majeur dans le mouvement des Lumières. Diderot y a séjourné et conseillé l'impératrice Catherine II. Face à Moscou, ville religieuse et patriarcale, plus fermée sur l'Europe, symbolisant le lien avec les traditions les plus profondes du pays, Saint-Pétersbourg représente la rationalité administrative, politique et idéologique. Et quand les bolcheviks choisissent de faire à nouveau de Moscou la capitale, Saint-Pétersbourg, devenue Petrograd puis Leningrad, loin du Kremlin, incarne la contre-culture pro-européenne. On sait que Poutine est très attaché à sa ville natale, qu'il a fait restaurer pour célébrer son tricentenaire en 2003. On sait aussi qu'il a amené au Kremlin une très grande partie de ses anciens camarades pétersbourgeois, Dimitri Medvedev au premier chef. Lorsqu'on lui demande quels sont ses personnages historiques favoris, Poutine cite, outre Stolypine, premier ministre à poigne de Nicolas II, les deux grands empereurs et bâtisseurs pétersbourgeois, "Pierre le Grand et Catherine II[1]".

Deuxième source possible d'un libéralisme supposé de Poutine, ses études de droit effectuées à la magnifique université de la ville qui fait face, de l'autre côté de la Neva, à la cathédrale Saint-Isaac et au "Cavalier d'airain", la statue de Pierre le Grand, œuvre du Français Falconet. L'avènement à la présidence d'un juriste, en 2000, a favorisé l'image d'un responsable soucieux d'instaurer l'état de droit et de renforcer les institutions démocratiques du pays. À la faculté de droit, le jeune

1. Interview au quotidien allemand *Bild*, 18 septembre 2001.

Poutine s'est ouvert à la pensée républicaine occidentale. Le politologue Alexandre Morozov le confirme : "On m'a raconté que Poutine était un élève sérieux et qu'à la faculté de droit de l'université de Saint-Pétersbourg il a étudié Kant, Hobbes et Locke. Il a même cité Kant dans un discours écrit pour le maire de la ville, Anatoli Sobtchak[1]." Le président cite plusieurs fois le nom d'Emmanuel Kant dans ses discours officiels – alors que Platon, Descartes, Leibniz, Rousseau ou Hegel sont absents. L'auteur de *Qu'est-ce que les Lumières ?*, avec son célèbre "Ose penser !", appel à l'émancipation humaine par l'usage de l'entendement, couronne la pensée du XVIIIe siècle. Mais l'usage que fait Poutine de Kant correspond d'abord à un enjeu politique. Le philosophe est né et a vécu toute sa vie dans la capitale de la Prusse orientale, Königsberg. Cette ville, rattachée à l'URSS en 1945, est devenue Kaliningrad et constitue désormais un territoire russe enclavé entre la Lituanie et la Pologne. En 2005, en visite dans ce drôle d'endroit, qui fut, après la chute de l'URSS, la zone de tous les trafics avant de devenir un avant-poste de la nouvelle puissance russe, Poutine lance ainsi, afin de "dégermaniser" un peu le philosophe : "Bien sûr Kant est en premier lieu un grand acteur des Lumières allemandes, mais pas seulement. Fort de son apport considérable à la culture mondiale, il fait partie de cette catégorie de gens qu'on a le droit d'appeler des citoyens du monde[2]." Il appelle même

1. Entretien avec l'auteur.

2. Discours d'inauguration d'une plaque dédiée à Kant à l'université de Kaliningrad, 3 juillet 2005.

l'auteur de *La Critique de la raison pure* un "compatriote commun" aux Allemands et aux Russes[1]. Poutine célèbre également Kant comme théoricien des principes de la démocratie moderne et de la paix entre les nations. Il rappelle à plusieurs reprises que le penseur est l'auteur d'un *Traité de paix perpétuelle*, opuscule où il énumère les conditions permettant d'envisager l'extinction progressive des guerres. Parmi celles-ci : une constitution républicaine par laquelle les peuples contrôleraient et, la plupart du temps, empêcheraient, les aventures belliqueuses de leurs représentants. En compagnie de son ami le chancelier Gerard Schroeder, le président russe se fait éloquent : "Je rappelle que Kant défendait des concepts qui sont à la base du monde contemporain comme la liberté, l'égalité de tous devant la loi. Il protestait contre toute limitation [des droits] pour des raisons religieuses ou nationales. Je rappellerai encore (...) que Kant était catégoriquement opposé à la résolution de désaccords intergouvernementaux par la guerre. (...) Je pense que la prévision qu'a élaborée Kant doit et peut être réalisée par notre génération. De même que son enseignement sur la séparation des pouvoirs s'est réalisé dans notre vie contemporaine, nous pouvons et devons réaliser son enseignement sur la résolution des discussions sur l'arène internationale par des moyens pacifiques. Dans ce sens nous pouvons et devons nous considérer comme les continuateurs des grandes traditions européennes. C'est précisément sur cette base que nous

1. Rencontre avec le ministre des Affaires étrangères allemand Joschka Fisher, 12 février 2004, Moscou, Kremlin.

allons construire nos relations avec les Européens et les autres pays du monde[1]." Le président russe semble aujourd'hui moins kantien.

La référence à Kant était fort commune à la chute du communisme. On évoquait alors, dans les réunions internationales, la perspective d'un monde débarrassé des dictatures et vivant dans la paix sous le règne du droit, de la démocratie et du marché. À la même époque, Poutine faisait ses premières armes en politique avec l'un des principaux dirigeants de la Russie post-soviétique, le maire de Saint-Pétersbourg Anatoli Sobtchak (1937-2000). Celui-ci passait pour le plus fervent des libéraux. Et Poutine s'est toujours montré prêt à venir en aide à son ancien mentor. À sa mort, suspecte, en février 2000, il a même paru extrêmement affecté. Le libéralisme de Sobtchak est pourtant discuté. N'était-il pas plutôt un apparatchik communiste travesti en libéral ? C'est ce que suggère par exemple Masha Gessen dans sa biographie de Poutine[2]. Elle affirme également que le libéralisme affiché de ce dernier, qui était à l'époque officier de réserve du KGB chargé d'épauler et de surveiller Sobtchak, dissimulait une haine des "démocrates[3]". Quoi qu'il en soit, des années après sa mort brusque et

1. Discours d'inauguration d'une plaque dédiée à Kant à l'université de Kaliningrad, 3 juillet 2005.

2. Voir Masha Gessen, *Poutine. L'homme sans visage*, chap. IV, *op. cit.*

3. Voir *ibid.*, p. 145 : Poutine et Sobtchak "partageaient la même antipathie pour le processus démocratique, mais, au début des années 1990, l'allégeance affichée à ces principes était le prix à l'accès à la vie publique".

mystérieuse, Poutine ne dépeint pas son mentor comme un apôtre de la liberté politique absolue, mais comme un partisan de l'ordre. Répondant à l'ancien dissident polonais Adam Michnik, Poutine résume ainsi l'idée principale de l'ancien maire de Saint-Pétersbourg : "Il y a beaucoup de liberté, mais il y a peu d'institutions démocratiques. Or la liberté d'expression, les partis politiques travaillant librement se rapportent à ces institutions. (...) La démocratie, ce n'est pas l'anarchie, ce n'est pas le règne du tout est permis[1]." On a connu théorie politique plus libérale.

Si le libéralisme de Poutine est limité par son désir d'ordre, on ne peut nier que dans les premières années de sa présidence il ait fait montre d'un occidentalisme exemplaire, du moins en apparence. Comme l'explique Alexandre Morozov, "dans la première moitié de son règne, sa philosophie politique correspondait aux standards européens. Les projets philosophiques concernant « la voie particulière de la Russie » ne l'intéressaient pas. Il voulait faire correspondre son pays aux standards mondiaux dans les domaines de l'éducation, de l'économie, de la législation, du droit de la propriété[2]". Effectivement, à l'époque, Poutine rejette tout discours sur "l'idée russe", sur un projet civilisationnel différent du modèle occidental. Toujours face à Adam Michnik qui lui pose explicitement la question de sa vision du rôle historique de la Russie et de ses éventuelles visées

1. Entretien accordé au quotidien *Gazeta Wyborcza* et à la chaîne de télévision polonaise TPV le 15 janvier 2002.
2. Entretien avec l'auteur.

expansionnistes, il se veut très clair : "Le développement économique des énormes territoires qui se sont retrouvés sous le contrôle de la Fédération de Russie et un travail conjoint avec l'Europe et les autres civilisations" dans l'optique d'une "intégration naturelle dans les structures politiques, économiques et de défense des pays civilisés[1]". Lorsqu'on lui demande si la Russie est plutôt tournée vers l'Europe ou l'Asie, il n'a aucune difficulté à répondre : "D'un point de vue géographique la Russie, bien sûr, est un pays eurasien. Mais (...) la Russie, sans aucun doute, est un pays européen, parce que c'est un pays de culture européenne[2]." Il n'est donc question d'aucune confrontation avec le reste du monde : "Qui peut être intéressé chez nous à une confrontation de la Russie avec le reste du monde et avec l'un des États les plus puissants du monde – les États Unis ? Qui cela pourrait-il intéresser ? Ces gens-là n'existent pas[3] !" Il ne considère pas alors l'Otan comme un ennemi[4]. Il assure également que la Russie ne s'attribue aucune prérogative et n'a aucune ambition impérialiste sur quelque région du monde : "Nous n'avons jamais proclamé aucune région du monde comme une zone d'intérêt national[5]." La Russie n'a donc aucune vocation à s'isoler du reste de ce que Poutine aime appeler alors le "monde civilisé".

---

1. Entretien accordé à *Gazeta Wyborcza* et à la chaîne de télévision polonaise TPV le 15 janvier 2002.
2. *Ibid.*
3. *Ibid.*
4. Interview sur la chaîne de télévision britannique BBC, 5 mars 2000.
5. *Ibid.*

À la même époque, lors de son premier mandat, de 2000 à 2004, il répète à qui veut l'entendre que la Russie est pleinement européenne. "[Nous vivons dans un pays] qui fait partie intégrante de l'Europe et prétend au titre de puissance européenne[1]." L'union est civilisationnelle : "La Russie est un pays européen, avant tout dans sa manière de penser, sa mentalité, sa culture[2]." La conséquence est le désir "d'agir dans la direction de l'unification juridique avec l'Europe (…) et d'élargir notre coopération dans toutes les directions[3]". Mais de quelle culture parle Vladimir Poutine ? S'il est fidèle à Kant, il doit penser à l'émergence du droit, de la pensée critique, des structures politiques, sociales et juridiques rendant possible l'émancipation humaine. En réalité le discours du président russe n'est pas clair. On a vu qu'il faisait souvent allusion au penseur de Königsberg, mais le plus souvent dans des circonstances extrêmement particulières : défense de l'appartenance de Kaliningrad à la Russie ou rencontre avec des officiels allemands. En 2003, lorsqu'on lui pose la rituelle question sur l'appartenance de la Russie à l'Europe, il répond que "la Russie, bien sûr, est un État européen et par la géographie, et par la mentalité. Qu'est-ce que l'Europe ? C'est la culture de la Rome antique, de la Grèce ancienne, c'est la culture de Byzance, c'est-à-dire du christianisme oriental[4]". L'Europe est définie

1. Conférence de presse à Madrid, 14 juin 2000.
2. Interview accordée aux chaînes TF1 et France 3 le 23 octobre 2000.
3. *Ibid.*
4. Interview à TF1, 11 février 2003.

d'abord par ses sources historiques, notamment chrétiennes, et non par le travail philosophico-juridique qui s'y est accompli dans les derniers siècles. Poutine ne raisonne plus en termes de progrès mais d'identité, qu'il faudrait conserver. Par ailleurs, il récuse la possibilité d'entrée de la Russie dans l'Europe politique. Enfin, dans le même entretien, il fait montre d'une certaine rancœur vis-à-vis de l'avancée de l'Europe vers l'Est. N'oublions pas qu'en 2004, trois anciennes républiques soviétiques, les pays Baltes, vont entrer dans l'Union européenne. Poutine se plaint que "parfois se crée l'impression qu'on repousse la Russie sur le bas-côté de la politique européenne[1]". Le dépit et la définition identitaire de l'Europe sont déjà présents à cette époque. Mais les effets ne s'en feront sentir qu'une décennie plus tard. Fin 2012, la manière d'évoquer l'Europe a radicalement changé. Il n'est plus question d'union, mais de rapprochements possibles : "En ce qui concerne la possibilité d'adhésion de la Russie dans l'UE, ce n'est pas réaliste, nous le comprenons tous très bien, ni du point de vue territorial ni du point de vue économique. Mais ce que nous devrions pouvoir faire, à mon sens, c'est chercher des voies de rapprochement et utiliser des synergies[2]." Le "tournant conservateur" et le refus d'un destin européen de la Russie sont passés par là.

Mais il y a peut-être davantage que du dépit, autre chose qu'un lent changement d'avis sur l'Europe. Le

1. *Ibid.*

2. Rencontre avec les participants du club Valdaï, 25 octobre 2012, Novo-Ogarevo, région de Moscou.

discours libéral et pro-européen, voire pro-occidental, de Poutine est contrebalancé par d'autres discours et d'autres actes. C'est ce que nous rappelle un ancien proche du président russe, l'économiste libéral Andreï Illarionov. Il a été le conseiller économique en chef de Poutine à partir de 2000. Il a démissionné à la fin 2005 et travaille désormais pour le Cato Institute à Washington, un *think tank* libertarien où il occupe la fonction de "senior fellow". Selon lui, caractériser Vladimir Poutine de libéral, même s'il s'est effectivement entouré de partisans de la dérégulation lors de son premier mandat, est "un point de vue répandu dans le monde et en Russie. Mais il est inexact. Prétendre qu'il a été libéral au début de son action et conservateur ensuite ne reflète pas exactement sa vision des choses ni ses actions dans cette période[1]". D'un point de vue économique, d'abord, "il a adopté une forme économique neutre, répandue en Occident, ni de gauche, ni libérale au sens classique ou dans la lignée de la philosophie libertarienne, qui aurait impliqué une minimisation de la taille et du rôle de l'État, de la régulation, une baisse des impôts. Il avait une approche, disons, juste un peu plus libérale que le courant mondial dominant à l'époque[2]". Et du point de vue politique ? Encore moins, d'après Illarionov. Revenant sur le début de sa carrière dans le camp démocrate, il affirme : "Anatoli Sobtchak n'était pas un libéral, ni un démocrate. C'était un collaborateur du KGB. Mais Poutine a eu besoin, à un

1. Entretien avec l'auteur.
2. *Ibid.*

moment, de se servir de l'image libérale et démocrate de Sobtchak[1]" pour monter en grade. Le but de Poutine et du FSB qui l'avait envoyé au sommet du pouvoir était uniquement de "noyauter la « Russie démocratique ». Poutine passait pour un libéral mais cachait ses véritables vues et réalisait une autre politique[2]". Pour le prouver, Andreï Illarionov énumère les actions d'éclat des premières semaines de pouvoir de Vladimir Poutine : "Dès qu'on l'a nommée Premier ministre d'Eltsine, en août 1999, il a initié une opération militaire en Tchétchénie – opération planifiée plusieurs mois à l'avance. En septembre 1999, il a donné l'ordre de provoquer des explosions au Daguestan, qui ont été, comme les suivantes, attribuées aux Tchétchènes pour pouvoir les attaquer. Ces explosions ont en réalité été organisées par les services secrets pour justifier une intervention. Ont suivi des bombardements meurtriers dans la république, sur la capitale Grozny, qui ont fait de cent mille à deux cent mille victimes militaires et civiles. Puis l'enlèvement et la mise au secret par le FSB d'un journaliste indépendant travaillant à radio Liberté, Andreï Babitski. Il aurait été tué si une campagne de protestation n'avait vu le jour pour le faire libérer. Une fois arrivé à la présidence, en 2000, Poutine a immédiatement chassé l'oligarque Vladimir Goussinski pour s'emparer de son groupe télévisuel NTV. Il a organisé une campagne pour chasser un autre oligarque, Boris Berezovski, de la chaîne ORT. Il a immédiatement pris le

1. *Ibid.*
2. *Ibid.*

contrôle des principaux médias du pays. Il a organisé une campagne contre les entrepreneurs possédant une part de la société Gazprom, qu'on a jetés en prison[1]"... Quant aux symboles, Illarionov enfonce le clou : "Il y a eu, la première année, une lutte sans merci pour rétablir l'hymne soviétique. Poutine était le seul à défendre cette idée. Une bonne partie de l'administration présidentielle, moi compris, était farouchement contre. Il a fini par imposer ses vues. L'hymne soviétique est revenu[2]."

Si l'on examine attentivement les propos que tient Poutine au début des années 2000, on se rend compte qu'il ne dit pas les mêmes choses aux uns et aux autres. À ses amis européens, il cite Kant et proteste de l'européanité profonde de la Russie. Mais lorsqu'il se rend en Asie – et il développe à l'époque une diplomatie très active vers l'est –, c'est différent. En Chine, par exemple, dans ses premières semaines en tant que président élu, il charge l'Occident et sa politique humanitaire – le souvenir humiliant de l'intervention de l'Otan au Kosovo est tout proche. Il sait qu'en appuyant sur ce point il fera mouche auprès des dirigeants chinois qui ne supportent pas que l'on s'intéresse à leurs "affaires intérieures". Poutine considère que "nous rencontrons de temps en temps de nouvelles menaces, des concepts très dangereux, comme par exemple l'ingérence dans les affaires intérieures d'un autre État pour des motifs

1. *Ibid.*
2. *Ibid.*

soi-disant humanitaires[1]." Lorsqu'on lui demande s'il a toujours un portrait de l'empereur occidentaliste Pierre le Grand dans son bureau du Kremlin, il s'en excuse presque : "Je n'ai aucun portrait accroché dans mon bureau aujourd'hui, même si effectivement j'ai eu un portrait de Pierre Ier dans mon cabinet de travail à Pétersbourg. (…) J'ai un grand respect pour Pierre Ier comme réformateur[2]" (et non comme dirigeant pro-occidental). Le libéralisme de Poutine varie avec méridien, et s'éteint à l'Est.

Poutine n'est pas, au fond de lui, un libéral. Saint-Pétersbourg n'est pas uniquement la capitale européenne de la Russie. C'est aussi la cité du pouvoir impérial et de l'autorité hiérarchique. Kant, pour Poutine, est surtout un mot de passe pour amadouer les dirigeants européens. La philosophie personnelle de l'homme Poutine, outre son attachement à la grandeur soviétique, ne vient ni de Paris ni de Berlin… mais du Japon. L'un des vecteurs de la popularité de Poutine en Russie mais aussi à l'étranger, est sa pratique du judo. Ancien champion de Saint-Pétersbourg, il a largement diffusé ses photos en kimono, où on le voit puissant, concentré, agile. En 2000, Poutine déclare que le judo "n'est pas seulement un sport, mais aussi (…) une philosophie[3]". Il le répète

1. Interview au quotidien chinois *Renmin Ribao* (Le quotidien du peuple), l'agence d'information Chine nouvelle et à la chaîne de télévision RTR, 16 juin 2000.

2. *Ibid.*

3. Interview au magazine indien *India Today* et à l'hebdomadaire *Russia Journal*, 29 septembre 2000.

en 2013 : “Le judo unit en soi des techniques de combat uniques et une philosophie originale et profonde” qui “éduque les meilleures qualités humaines[1]”. Lesquelles ? Dans un entretien avec des journalistes japonais, il rappelle que le mot judo signifie “voie de la souplesse. (…) C’est une philosophie qui préfère l’évolution à la révolution”. Selon lui, “cette philosophie nous apprend à utiliser ce que nous avons, et à chérir ce que nous avons[2]”, forces tout à fait suffisantes pour faire chuter l’adversaire. Il souligne que les bases du judo sont “le respect du partenaire, quel qu’il soit. Respect pour l’aîné, pour son maître, façon d’aborder les problèmes qui ne repose pas sur la force brute, mais sur la maîtrise, sur la tactique, et bien sûr sur les qualités de volonté[3]”. Poutine agit ainsi dans les premières années de sa présidence. Il approche tous les partenaires possibles, à l’Est comme à l’Ouest. Il leur montre son respect et attend de voir leur réaction. La voie de la souplesse consiste donc d’abord à donner confiance à l’autre, à l’observer, à scruter sur quelle force il pourra s’appuyer pour le déséquilibrer. C’est pourquoi son libéralisme n’est qu’une facette de son approche des problèmes, une façon de rassurer les Occidentaux en attendant les premières erreurs pour les surprendre.

1. Adresse aux participants et aux invités du championnat d’Europe de judo, 25 avril 2013.

2. Entretien à la chaîne de télévision japonaise Fuji Terebi, 4 juillet 2000.

3. Interview au magazine indien *India Today* et à l’hebdomadaire *Russia Journal*, 29 septembre 2000.

III

LE PREMIER AMOUR PHILOSOPHIQUE DU PRÉSIDENT

Les nostalgiques de la Russie blanche[1] sont aux anges, ce vendredi de septembre 2005. Sous la voûte de la cathédrale orthodoxe Saint-Alexandre-Nevski, rue Daru à Paris, l'émouvante prière aux défunts "mémoire éternelle" s'élève, chantée par un chœur venu spécialement de Russie. Les prêtres, qu'ils appartiennent à l'archevêché des Églises russes en Europe occidentale, au patriarcat de Moscou ou à l'Église hors frontières, nostalgique de la Russie prérévolutionnaire, balancent leurs encensoirs. On remarque parmi les "Moscovites" un jeune prêtre, l'archimandrite Tikhone Chevkounov. Il dirige un fastueux monastère situé en plein centre de Moscou, à deux pas du siège du FSB, et passe pour être le confesseur de Poutine. On lui prédit un grand avenir. Au premier rang, des personnages importants, comme le ministre russe de la Culture ou l'ambassadeur de Russie en France. Mais la star, c'est

1. Après la révolution bolchevique d'octobre 1917, une guerre civile oppose l'Armée rouge emmenée par Léon Trotski aux "blancs" tsaristes, qui seront vaincus en 1923 et émigreront dans le monde entier, spécialement en France.

le cinéaste Nikita Mikhalkov. Il est le maître d'œuvre de ce projet. On est en effet en train de célébrer un office en l'honneur des plusieurs dépouilles tout juste exhumées. La première est celle du général de l'Armée blanche Anton Denikine (1872-1947), déterrée à New York. La deuxième celle de son épouse, en provenance du cimetière russe de Sainte-Geneviève-des-Bois, en banlieue parisienne, où sont notamment enterrés l'écrivain Ivan Bounine, le danseur Rudolf Noureev et le cinéaste Andreï Tarkovski. La troisième vient de Suisse. L'homme est moins connu du grand public que Denikine : il s'agit du philosophe russe Ivan Ilyine (1883-1954). Quelques jours plus tard, une autre cérémonie a lieu dans le cimetière du monastère Donskoï à Moscou. On réenterre en grande pompe ces trois personnes auprès d'un écrivain russe émigré en France, Ivan Chmeliov (1873-1950), dont on a ramené les restes cinq ans plus tôt. Nikita Mikhalkov prononce un discours exalté sur ce symbole de réconciliation nationale entre Russie rouge et blanche. Quelques mois plus tard, les archives d'Ivan Ilyine sont rapatriées des États-Unis vers la Russie. Des entrepreneurs proches du Kremlin – notamment Viktor Vekselberg –, certainement sur la demande expresse du président, ont financé l'opération. Celle-ci s'inscrit dans un programme intitulé "Pour la réconciliation et l'union" dont le but est d'effacer les divisions sociales et culturelles nées de la révolution de 1917. C'est sous l'égide de ce programme que les restes de Denikine, Ivan Chmeliov et Ilyine ont été transférés à Moscou. Selon Sergueï Markov, membre de la chambre civique chargée depuis 2005 de représenter la société civile, "Vladimir Poutine n'est apparemment pas indifférent à Ivan Ilyine[1]". L'archimandrite Chevkounov enchérit. Il raconte que le président a vu les tombes de ces représentants de la Russie blanche en très mauvais état, s'en est indigné et a décidé de faire quelque chose[2]. Il aurait lui-même surveillé les croquis des nouvelles sépultures. Le 24 mai 2009, alors qu'il a laissé, pour un temps, la présidence à Dimitri Medvedev, Poutine, premier ministre, fleurit personnellement leurs tombes. Ce n'est pas un hasard : Ivan Ilyine est devenu son philosophe de référence, qu'il cite dans les discours les plus importants. À peu près inconnu en Russie dans la période soviétique, plutôt marginal dans la très riche philosophie russe de l'émigration de l'entre-deux-guerres, c'est Poutine qui a construit la popularité actuelle d'Ilyine en Russie.

Mais c'est certainement Nikita Mikhalkov qui lui en a parlé le premier. Rappelons que l'acteur et cinéaste, célébrissime en Russie et très connu dans le monde entier, notamment pour *Les Yeux noirs* ou *Soleil trompeur*, joue un rôle médiatique et politique de plus en plus marqué depuis la chute de l'URSS. Il est tombé amoureux de la Russie tsariste. À la fin de l'ère Eltsine, alors qu'il semble nourrir des ambitions présidentielles, Mikhalkov se présente dans *Le Barbier de Sibérie* (1998) sous les traits d'Alexandre III, empereur conservateur de la fin du XIXe siècle. Depuis, le cinéaste est devenu un proche de Vladimir Poutine. C'est donc certainement par son intermédiaire que

1. Cf. l'article intitulé "Le jour d'Ilyine", *Kommersant*, 29 mai 2006.
2. Vesti.ru, 24 mai 2009.

Poutine s'est mis à lire du Ivan Ilyine. Pour l'historien Nikolaï Mitrokhine, spécialiste du nationalisme russe, collaborateur du Centre pour les études de l'Europe de l'Est à l'université de Brême, "l'intérêt personnel de Poutine envers Ilyine, grâce à Mikhalkov, est incontestable[1]". Depuis la perestroïka, la mode est à la Russie prérévolutionnaire et aux élites russes émigrées après la révolution. Poutine n'échappe pas à cette vogue. Pétersbourgeois, il éprouve une certaine fascination à l'endroit de ces intellectuels, militaires et politiques de la capitale impériale partis en exil. On célèbre sans fin, à la télévision, surtout dans les années 1990 et 2000, les "meilleurs d'entre nous" qui, à Paris, Berlin, Prague ou New York, ont fait fleurir l'art et de la pensée russe dans des conditions d'exil souvent très difficiles. On se gargarise à peu de frais du mythe de cette "vraie Russie" restée pure. On fait mine de rendre aux émigrés leurs biens. On les accueille avec faste jusqu'au Kremlin, surtout s'ils se montrent complaisants avec le pouvoir. Avec son Fonds pour la culture, Mikhalkov sélectionne les plus réactionnaires des émigrés russes et les instrumentalise politiquement avant de les offrir à son ami Poutine.

Ivan Ilyine est un spécialiste de Hegel, auquel il a consacré sa thèse de doctorat intitulée "La philosophie de Hegel, doctrine de la nature concrète de Dieu et de l'homme". Il s'inscrit dans la tradition de la pensée religieuse influencée par l'idéalisme allemand, très vivace en Russie depuis le XIXe siècle. Il écrit par

---

1. Entretien avec l'auteur.

exemple : “L’homme communique avec l’élément divin du monde et entre en contact vivant avec Dieu au moment de l’expérience spirituelle[1].” Ilyine s’oppose vigoureusement à la révolution d’octobre 1917 et finit par être expulsé de Russie, en 1922, en compagnie de plusieurs dizaines d’intellectuels, sur le “bateau des philosophes[2]”. Il s’installe en Allemagne. Il y publie l’une de ses œuvres les plus célèbres, mêlant dialectique hégélienne et appel au combat contre la Russie bolchevique. Avec *Sur la résistance au mal par la force*, paru en 1925, il réfute la théorie de la non-violence popularisée par Léon Tolstoï. Ilyine veut démontrer qu’on ne viole pas l’éthique chrétienne – à laquelle il se rattache – lorsque l’on s’oppose au mal, au besoin par la force. Quand on a épuisé tous les moyens pacifiques face à une agression extérieure, il est nécessaire de faire usage du glaive. Il y a même dans cet acte, selon Ilyine, une nécessité historique. Il écrit : “Toute l’histoire de l’humanité se résume en ceci qu’à des époques différentes et dans des communautés diverses *les meilleurs sont morts sous les coups des pires*. Et ceci se poursuit tant que les meilleurs ne se décident pas à opposer aux pires une résistance planifiée et

1. Cité in Basile Zenkovsky, *Histoire de la philosophie russe*, t. II, Gallimard, 1955, p. 390.
2. En août 1922, Lénine fait arrêter plusieurs centaines d’intellectuels opposés au régime bolchevique. À l’automne, ils sont expulsés sur deux navires surnommés “bateaux des philosophes”. Parmi eux, certains des plus grands penseurs russes, comme Serge Boulgakov, Simon Frank, Nicolas Berdiaev, Lev Karsavine, Roman Jakobson...

organisée[1]." Comme Poutine contre les Tchétchènes, certains oligarques comme Boris Berezovski, Vladimir Goussinski ou encore Mikhaïl Khodorkovski, l'Otan et l'opposition démocratique. Cette morale "virile" consistant à justifier la violence au nom du bien a soulevé bien des polémiques à sa parution, tant elle paraît légitimer la violence d'État. Un autre philosophe russe, Nicolas Berdiaev, perçoit les germes autoritaires, voire totalitaires, de cette éthique, chez un penseur qui se veut anticommuniste : "Ivan Ilyine a été contaminé par le poison du bolchevisme, écrit-il. Au fond, les bolcheviks peuvent tout à fait accepter le livre d'Ivan Ilyine. Ils se considèrent comme les porteurs du bien absolu et s'opposent par la force, au nom de ce bien, à ceux qui s'adonnent au mal[2]." On comprend que la philosophie d'Ilyine, ardent antisoviétique, ait pu séduire les élites postcommunistes : selon Berdiaev, ils partagent la même morale. En 1933, les nazis arrivant au pouvoir en Allemagne, Ilyine publie un article qu'il veut équilibré sur "le nouvel esprit national-socialiste". Il lui attribue, en conclusion d'une analyse qui minimise systématiquement la persécution des Juifs, des traits positifs : "Le patriotisme, la foi dans l'identité du peuple allemand et la force du génie germanique, le sentiment de l'honneur,

1. Ivan Ilyine, *Sur la résistance au mal par la force*, ouvrage non traduit en français, chap. XVIII, 1925. (*O soprotivlenii zlu siloju*, in *Sobranie sotchinenij*, vol. 5, p. 168, Russkaya kniga, Moscou, 1996).
2. Nicolas Berdiaev, "Le cauchemar du bien mauvais", revue *La Voie*, juin-juillet 1926, n° 4. N. Berdiaev, "Kochmar zlogo dobra", in *Put'*, Inform-Progress, 1992, t. I, p. 463.

le fait d'être prêt au sacrifice de soi, la discipline, la justice sociale, l'unité transclasse, fraternelle et nationale. Cet esprit fonde la substance de tout ce mouvement. Il brûle dans le cœur de chaque nazi sincère, tend ses muscles, résonne dans ses paroles et brille dans ses yeux. Il suffit de voir ces visages croyants, précisément croyants. Il suffit de voir cette discipline pour comprendre le sens de ce qui se passe et se demander : « Existe-t-il sur terre un peuple qui refuserait de créer pour soi un mouvement de cette dimension et de cet esprit? » En un mot, cet esprit affilie le national-socialisme allemand au fascisme italien. Et pas seulement à lui, mais aussi à l'esprit du mouvement russe blanc[1]." Ces sympathies, quoique éphémères, ont été soigneusement gommées dans les films russes consacrés au philosophe dans les années 2000-2010. Il est vrai qu'ensuite Ilyine a rapidement maille à partir avec les nazis qui lui demandent son aide pour rallier les émigrés russes à l'idéologie hitlérienne. Il refuse et se voit privé de ses postes d'enseignement. Il émigre en Suisse en 1938. Après la guerre, il dénombre les "erreurs" du fascisme et du national-socialisme, parmi lesquelles leur nature antireligieuse et antichrétienne, la création d'un État totalitaire, d'un parti unique, un nationalisme extrême, le despotisme. Il salue en revanche Franco et Salazar, qui

1. Ivan Ilyine, "Le national-socialisme. Un nouvel esprit. I" ("Natsional-sotsialism. Novyjdukh. I"), journal hebdomadaire *Renaissance*, Paris, 17 mai 1933, n° 2906, in Ivan Ilyine, *Stat'i, lektsii, vystupleniya, retsenzii (1906-1954)*, Russkaya kniga, Moscou, 2001, p. 322.

"l'ont compris et tentent d'éviter ces erreurs. Ils ne qualifient pas leur régime de « fascistes ». Espérons que les patriotes russes méditeront jusqu'au bout les erreurs du fascisme et du national-socialisme et ne les répéteront pas[1]". Nikolaï Mitrokhine considère ainsi que pour le régime de Poutine, "Ilyine constitue l'alternative russe au fascisme[2]", une manière d'éviter le fascisme tout en le côtoyant de très près. Installé en Suisse jusqu'à sa mort, Ilyine est toujours très proche des "blancs" les plus radicalement antibolcheviques. Il fournit une base idéologique à l'Union générale des combattants russes (ROVS) fondée par le général "blanc" Wrangel et destinée à renverser le pouvoir soviétique. Il n'est pas du tout, comme l'affirme Nikita Mikhalkov dans le téléfilm qu'il lui a consacré, le "plus célèbre philosophe russe[3]". Son œuvre philosophique est beaucoup

1. I. A. Ilyine, "Sur le fascisme" ("O fachisme"), article du 6 décembre 1948, extrait de *Nos missions (Nachi zadatchi)*, in *Sobranie sotchinenij*, t. II, livre premier, Russkaya kniga, Moscou, 1993, p. 89.

2. Entretien avec l'auteur. Les liens entre une partie de l'émigration blanche, le fascisme et le national-socialisme sont complexes et mal connus. Y a-t-il eu un "fascisme russe" antidémocratique, anticommuniste, mais également moderniste ? La question est toujours discutée. Quoi qu'il en soit, le discours poutinien réactive le sujet. On peut lire à ce propos l'ouvrage de l'historien américain Walter Laqueur *Histoire des droits en Russie*, Michalon, 1996.

3. *Le Philosophe russe Ivan Ilyine*, 2011, 47 minutes. Dans ce téléfilm, Nikita Mikhalkov, avec sa séduisante voix un peu voilée, insiste sur ce qui compte, d'après lui, chez Ilyine : la critique des libéraux, des "démocrates formels" responsables de la révolution et incapables de comprendre la Russie, et des "semi-intellectuels"

moins commentée et traduite que celle de Chestov, Berdiaev ou Serge Boulgakov, pour ne parler que de quelques autres penseurs émigrés à la même époque. Il est d'ailleurs surtout connu dans la Russie post-soviétique, non pour ses travaux sur Hegel, la religion ou l'art, mais pour ses textes d'intervention. Ces articles rédigés entre 1948 et 1954 sont réunis dans un recueil d'articles programmatiques sur l'avenir de la Russie intitulé *Nos missions*. Ce sont ces deux volumes, réédités en 1993, qui se trouvent désormais sur la table de nuit des pauvres fonctionnaires poutiniens.

Ils se sont sentis contraints de lire et de citer à tout bout de champ le "grand philosophe" après plusieurs interventions du président. Le 25 avril 2005, c'est lors de la solennelle adresse à l'Assemblée fédérale, c'est-à-dire devant les représentants des deux Chambres (la Douma et le Conseil de la Fédération), réunie une fois par an pour entendre le bilan et le programme présidentiel pour les années à venir, que Poutine cite Ilyine. Mais le président utilise pour la première fois le philosophe de manière subtile. Dans un passage de son discours consacré à l'édification d'un système politique et juridique efficace, garante du développement de la démocratie dans le pays, il appelle l'administration et les représentants à ne pas abuser de leur pouvoir et à tout faire pour "la consolidation des institutions pour

---

déracinés des qualités profondes du peuple russe. Enfin l'appel à un pouvoir fermement centralisé et vertical. Il faut dire que le film a été diffusé en pleine période de contestation contre le pouvoir, début 2012.

une démocratie réelle[1]". Même si ce terme, opposé à "démocratie formelle", ressortit tout autant à la vulgate marxiste qu'à la pensée d'Ilyine, notons que quelques mois plus tard, en septembre, un organe consultatif nommé "chambre civique" et composé de personnalités de la société civile sera créé afin de promouvoir cette "démocratie réelle". C'est à cette étape de son discours que le président cite Ilyine : "Le pouvoir de l'État, écrivait le grand philosophe russe Ivan Ilyine, a ses limites[2]", car le pouvoir "vient à l'homme de l'extérieur[3]". Poursuivant avec une longue citation, Poutine appelle, avec Ilyine, à ne pas réguler "la création scientifique, religieuse et artistique[4]", à ne pas s'immiscer dans les mœurs.

Cette première grande citation d'Ilyine sonne comme une nuance à la dictature de la loi et à la verticale du pouvoir, notions promues par Poutine depuis son accession à la présidence. Il est rappelé que le pouvoir venant du peuple, il doit respecter celui-ci et ne doit pas faire naître ses sentiments par la contrainte. Mais on comprend mieux l'idée d'Ilyine si on lit le chapitre entier du premier tome de *Nos missions* dont est tiré cet extrait. Intitulé "La tâche principale de la future Russie", il s'agit d'un texte programmatique sur ce qui se passera dans le pays après la chute du communisme et sur ce qu'il faudra faire pour qu'elle échappe au chaos. "Nous ne savons pas quand ni

1. 25 avril 2005, Moscou, Kremlin.
2. *Ibid.*
3. *Ibid.*
4. *Ibid.*

comment sera interrompue la révolution communiste en Russie, admet Ilyine. Mais nous savons quelle sera la tâche principale du salut et de la reconstruction nationale russe : l'ascension jusqu'au sommet des meilleurs – des hommes dévoués à la Russie, sentant leur nation, pensant leur État, volontaires, créatifs, offrant au peuple non pas la vengeance et le déclin, mais l'esprit de libération, de justice et de l'union entre toutes les classes. Si le choix de ces nouveaux hommes russes réussit et se réalise rapidement, alors la Russie se relèvera et renaîtra en l'espace de quelques années. Si ce n'est pas le cas, la Russie tombera du chaos révolutionnaire dans une longue période de démoralisation post-révolutionnaire, de déclin et de dépendance vis-à-vis de l'extérieur[1]." On imagine la sidération qui a dû saisir Vladimir Poutine lorsque Nikita Mikhalkov lui a fait lire ces lignes. Plus qu'un programme : un portrait à parachever… Un peu plus loin, Ilyine en appelle à la construction d'une nouvelle "idée russe". Celle-ci ne saurait être "l'idée du « peuple », de la « démocratie », du « socialisme », de l'« impérialisme », du « totalitarisme » (…). Il faut une nouvelle idée, religieuse par ses sources et nationale par son sens spirituel. Seule une telle idée pourra faire renaître et refonder la Russie de demain[2]". En citant une phrase relativement anodine de ce texte, Poutine pousse évidemment tous les dirigeants et les fonctionnaires

1. Ivan Ilyine, *Nos missions*, "La tâche principale de la future Russie", non traduit en français, in *Sobranie sotchinenij*, Russkaya kniga, Moscou, 1993, p. 265.
2. *Ibid*, p. 278.

russes à lire ce portrait en creux de sa personne et de son action. Il ne s'agit pas encore, en 2005, d'une philosophie structurée, mais d'une inspiration prophétique et flatteuse.

Un an plus tard, Vladimir Poutine enfonce le clou dans des circonstances tout aussi solennelles. Dans son adresse suivante à l'Assemblée fédérale, il évoque un autre aspect de la pensée d'Ilyine. Insistant sur l'appartenance de l'armée à la société et à la nation, il martèle : "Le célèbre penseur russe Ivan Ilyine, réfléchissant aux principes de base sur lesquels il convient de construire l'État russe, remarquait que le soldat occupe une fonction élevée et honorifique. Et, ajoute-t-il, qu'il représente l'unité de tout le peuple russe, la volonté, la force et l'honneur de l'État russe[1]." Dans cette perspective, souligne le président, il faut toujours être prêt à répondre à une "potentielle agression extérieure[2]". Quelques années plus tard, Poutine cite encore l'idéologue officiel de l'Armée blanche. Au cours d'une cérémonie en l'honneur des élèves des académies militaires, il affirme : "Comme le disait le célèbre philosophe Ivan Ilyine, « l'armée russe n'oubliera jamais les traditions de Souvorov, affirmant que le soldat est une personne[3] »." Là encore, la citation demeure locale. Elle signe pourtant la volonté poutinienne de restaurer la puissance militaire russe en l'inscrivant dans l'histoire de l'empire russe.

1. 10 mai 2006, adresse à l'Assemblée fédérale.

2. *Ibid.*

3. 26 juin 2013, Moscou, Kremlin.

Il faut étudier le contexte pour comprendre qu'Ilyine propose une théorie cohérente de l'exercice du pouvoir, du régime politique adapté à la Russie, et de son rôle politique et historique dans le monde. Anticommuniste viscéral, Ilyine n'est pas pour autant un admirateur de la démocratie occidentale. Il refuse de choisir entre "le totalitarisme, qu'il soit de gauche, de droite ou du centre" et "la voie de la démocratie d'Europe occidentale", celle de la "démocratie formelle". Il rêve d'une "dictature démocratique", non fondée sur l'arithmétique mais une "démocratie de la qualité, de la responsabilité et du service[1]". Il imagine ce qui se passera lorsque le pouvoir communiste s'écroulera, et annonce qu'après un "chaos qui durera quelques années[2]", des violences et "des tentatives séparatistes soutenues par des puissances étrangères", le salut viendra de la "dictature nationale". Les élections ne joueront plus alors un rôle important. Et ce n'est pas tout, car Ilyine espère un "Guide" qui "sache ce qu'il faut faire". Il conclut : "Le guide sert au lieu de faire carrière ; combat au lieu de faire de la figuration ; frappe l'ennemi au lieu de prononcer des mots vides ; dirige au lieu de se vendre aux étrangers[3]." Le programme poutinien est écrit. Le modèle de la "verticale du pouvoir", de la "démocratie souveraine", l'hostilité aux puissances étran-

1. *Nos missions*, livre premier, "L'optimisme en politique" ("Optimizm v politike"), p. 85.
2. *Ibid.*, "Le chaos à venir en Russie" ("Predstojachtij v Rossii khaos"), p. 20.
3. *Ibid.*, "Le Guide national et les dirigeants de partis" ("Natsionalnyj vojd' i partijnye glavari"), p. 35.

gères (qui est un point commun avec le soviétisme) en découlent.

Quelle est la doctrine d'Ilyine sur les relations de la Russie avec le reste du monde ? Le texte d'Ilyine que préfère Poutine[1] s'intitule précisément "Que promet au monde le démembrement de la Russie[2] ?". On y trouve mêlés l'hégélianisme, le militarisme et le nationalisme impérial du philosophe. S'il l'a effectivement médité, Poutine ne s'est pas engagé à l'aveuglette ni sans préparation dans son aventure ukrainienne. Dans une perspective typiquement post-hégélienne, Ilyine y affirme que la Russie n'est pas un "mécanisme artificiellement agencé", mais un "organisme historiquement formé et culturellement justifié". Il est donc impossible de le démembrer sans le faire souffrir, voire mourir. Dans une lutte elle aussi très hégélienne, les "voisins impérialistes" chercheront à s'emparer de manière plus ou moins ouverte de territoires comme l'Ukraine, les pays Baltes, le Caucase, l'Asie centrale, etc., qui sont sous le contrôle naturel de la Russie. "On transformera la Russie en gigantesques « Balkans », en source éternelle de guerres." Pourquoi le monde chercherait-il à attaquer la Russie ? Parce que "les peuples occidentaux ne comprennent ni ne supportent l'originalité russe". Leur objectif est donc de "démembrer la Russie pour la faire passer sous contrôle occidental, la défaire et finalement la faire disparaître[3]". Leur méthode

1. Vesti.ru, 24 mai 2009.
2. *Nos missions*, livre premier, *op. cit.*, p. 326-340.
3. *Ibid.*

passe, pour Ilyine, par l'hypocrite promotion de valeurs comme la "liberté[1]". Or selon Ilyine, certaines "tribus" sont inaptes à devenir des États, et doivent demeurer sous le contrôle d'États voisins. Il cite les Flamands, les Wallons, les Croates, les Slovènes, les Slovaques, les Basques, les Catalans, etc. Mais il pense aux peuples qui composaient l'empire russe, et aux "petits frères" ukrainiens, caucasiens ou asiatiques. Là encore, le programme des années à venir a été en grande partie rédigé par Ilyine. Il a été redécouvert avec stupéfaction par Mikhalkov, et transmis à Poutine pour être pleinement réalisé.

1. C'est une autre conception de la liberté que défend Ilyine. Selon lui, "qui aime la Russie doit lui souhaiter la liberté. Avant tout la liberté pour la Russie elle-même, son indépendance internationale et son autonomie. Deuxièmement, la liberté pour la Russie comprise comme unité des Russes et de toutes les autres cultures nationales. Et enfin, la liberté pour les Russes, la liberté pour nous tous : liberté dans la foi, dans la recherche de la vérité, dans la création, dans le travail et la propriété", I. A. Ilyine, "La liberté est indispensable à la Russie" ("Rossii neobkhodima svoboda"), extrait de *Nos missions (Nachi zadatchi)*, in *Sobranie sotchinenij*, t. II, livre premier, Russkaya kniga, Moscou, 1993, p. 163. Dans son adresse à l'Assemblée fédérale du 4 décembre 2014, Vladimir Poutine cite ces mots d'Ilyine et leur prête un "sens énorme" (cf. site Kremlin.ru).

IV

LE TOURNANT CONSERVATEUR

Un mois après son accession à la présidence, un étudiant interpelle ingénument Poutine : "Le vieillissement de l'âme mène au conservatisme. Qu'en pensez-vous ?" Réponse du président, dont l'image virile et sportive tranche avec celle du vieux et malade Boris Eltsine : "Je veux vous rassurer : je me sens plutôt jeune. En tout cas, je ne sens pas mon âge[1]." Corollaire : il veut transformer son pays ; il est un réformateur et un libéral, pas un conservateur. Treize ans plus tard, lorsqu'on lui propose de commenter la sentence suivante : "Beaucoup deviennent conservateurs avec l'âge", il acquiesce : "Vous avez sans doute raison. Et pourtant je pense que ceci a un certain sens, car conservatisme ne signifie pas du tout stagnation. Le conservatisme, c'est s'appuyer sur les valeurs traditionnelles, mais pour mieux viser le développement[2]."

1. Rencontre avec les étudiants de l'université d'État d'Irkoutsk, 18 février 2000.

2. Entretien à la Première chaîne de télévision russe et à Associated Press, 4 septembre 2013, région de Moscou, Novo-Ogarevo.

Que s'est-il passé dans l'intervalle ? Au commencement, si Poutine se veut modernisateur, ce n'est pas sans une certaine raideur. Très rapidement, des expressions présidentielles fleurissent qui choquent les démocrates : "dictature de la loi", "verticale du pouvoir", restauration de la stabilité et de la puissance russe. Lorsqu'il doit justifier ces concepts face à la presse allemande, en juin 2000, il défend sa vision d'un "État fort" qui ne comprend pour autant aucun élément de "dictature". Il consent, pour faire plaisir à "l'oreille occidentale" qu'il trouve déjà trop sensible, à parler d'"État efficace[1]". Il invoque la "menace d'un développement de la Russie dans un sens oligarchique[2]" pour soumettre, emprisonner ou faire fuir les puissants hommes d'affaires des années 1990. Fin 2002, il résume le credo de son premier mandat : "Les gens veulent la stabilité. Ils ne veulent pas l'immobilité et la stagnation (...), mais veulent précisément la stabilité dans le sens positif de cette notion, ils veulent voir la lumière au bout du tunnel, ils veulent vivre mieux, ils veulent que leurs enfants aient la perspective de mieux vivre[3]." Il récuse ainsi tout "populisme politique[4]" et prétend inscrire sa politique dans un projet de réforme maîtrisée. Quelques mois plus tard, néanmoins, un accent nouveau apparaît dans certaines

1. Interview aux chaînes de télévision allemandes ARD et ZDF, 9 juin 2000.
2. Entretien accordé au quotidien *Gazeta Wyborcza* et à la chaîne de télévision polonaise TPV le 15 janvier 2002.
3. Interview à l'agence d'information chinoise Chine nouvelle et à la télévision centrale CCTV, 27 novembre 2002.
4. *Ibid.*

de ses déclarations. Il affirme au musée de l'Ermitage de Saint-Pétersbourg que "la culture est un vecteur très important des traditions, modelant le peuple russe dans une société unie et créant la base de l'État russe[1]". L'effet de l'âge, déjà ? Quoi qu'il en soit, il décline désormais à l'envi l'idée de la culture comme ciment national autour de valeurs traditionnelles. Il commence même à ajouter à cette apologie de la culture et des racines une signification morale. S'il tient encore à souligner que "l'État doit être moderne", il célèbre la "sainte Russie", "la renaissance des traditions, la renaissance des bases morales et éthiques de notre culture, au fondement desquelles, bien sûr, reposent les valeurs chrétiennes[2]".

En 2004, la cristallisation s'opère, à la faveur d'un événement qui survient au début de son deuxième mandat de président. La tragédie de Beslan a lieu le 1er septembre 2004. Des rebelles séparatistes tchétchènes prennent une école en otage, le jour de la rentrée des classes, dans une petite ville du Caucase russe. Après une opération des forces spéciales russes menée de manière violente et chaotique, trois cent quarante-quatre personnes perdent la vie, dont centre quatre-vingt-six enfants. Deux semaines plus tard, Poutine annonce que les gouverneurs de régions seront désormais désignés et non plus élus. Il justifie ce recul

1. Conseil fédéral pour les questions de développement de la culture russe, 16 juin 2003, Saint-Pétersbourg.
2. Rencontre avec des journalistes français, Bordeaux, 12 février 2003.

démocratique par l'incurie des responsables locaux. Son discours se fait au même moment beaucoup plus conservateur. D'abord, il considère que si les "terroristes" brandissent des "slogans religieux[1]", c'est d'abord par "ignorance religieuse". Il en appelle donc aux religions pour éloigner les fidèles de l'extrémisme. Bref, tout en feignant d'oublier que des enseignements religieux mal contrôlés mènent souvent à la radicalisation, Poutine décide de faire de l'Église orthodoxe russe son alliée pour "moraliser" le peuple. Sa conviction profonde est en effet, comme il l'admettra quelques années plus tard, que "les valeurs morales, sans lesquelles ni l'humanité ni l'homme concret ne peuvent vivre, ne peuvent être autres que religieuses[2]". S'il souligne toujours, de manière quelque peu rhétorique, la nature multiconfessionnelle de la Fédération de Russie, il s'appuie très ouvertement sur le puissant patriarcat orthodoxe de Moscou – "la confession orthodoxe [étant] simplement la plus répandue. Presque 80 % de la population russe se sent d'une manière ou d'une autre liée à l'orthodoxie[3]".

Outre le traumatisme de Beslan qui convainc Poutine de s'allier à l'Église et de lui confier la tâche de désensauvager le peuple, le président est ébranlé par les révolutions de couleur qui viennent déstabiliser son "étranger proche". Fin 2003, la révolution des Roses

1. Intervention lors d'une rencontre avec les participants du Conseil épiscopal de l'Église orthodoxe russe, Moscou, 6 octobre 2004.
2. Interview à l'hebdomadaire *Time*, 19 décembre 2007.
3. *Ibid.*

porte le jeune démocrate pro-américain Mikhaïl Saakachvili au pouvoir en Géorgie. Un an plus tard, la révolution Orange balaie le candidat pro-russe Viktor Ianoukovitch au profit du réformateur pro-occidental Viktor Iouchtchenko. Vladimir Poutine commence à se tourner résolument vers les valeurs traditionnelles. Il se sent entouré de puissances hostiles, certains peuples issus de l'URSS ayant décidé de quitter l'univers soviétique et le patronage russe. Or Poutine n'y voit, oubliant la volonté des peuples, qu'une opération de la CIA. Un peu plus tard, un conseiller du Kremlin, Vladislav Sourkov, aidé de Gleb Pavlovski, invente la notion de "démocratie souveraine" pour marquer la différence russe dans son approche de la politique. Souveraine, la démocratie russe refuse de vivre au rythme des puissances occidentales et repousse surtout toute ingérence dans ses affaires[1]. Laissant à ses conseillers ce type de concepts technocratiques, Poutine investit alors un autre thème, qui deviendra le sol de sa dérive conservatrice. La démographie devient une priorité nationale. Il s'agit en effet d'enrayer un déclin qui risque d'avoir des conséquences dramatiques pour le pays. Le président en fait une question non seulement sociale, mais morale. Lors d'une rencontre avec le patriarche de Moscou Alexis II, en août 2004, il propose un plan consacré "aux problèmes démographiques dans le pays, le renforcement de la famille, les questions éthiques et les questions d'interruption de grossesse, très nombreux dans

1. Voir à ce propos Marlène Laruelle, *Le Nouveau Nationalisme russe*, L'Œuvre, 2010, p. 228.

le pays[1]". Le glissement de la défense des valeurs familiales traditionnelles vers l'homophobie se dessine. Quelques années plus tard, Poutine ne se contente plus d'allusions et établit le lien entre politique nataliste et lutte contre l'homosexualité. Répondant à une question sur la Gay Pride, il déclare : "Mon attitude à l'endroit de la Gay Pride et envers les minorités sexuelles est très simple. Elle est liée à l'accomplissement de mes obligations et se résume à l'un des principaux problèmes du pays : la démographie. *(Applaudissements.)*[2]" Ce n'est qu'un début. Autre manifestation de conservatisme, le rapport du président aux nouvelles technologies. Il avoue ne pas se servir du courrier électronique[3]. Il critique Internet et les "problèmes[4]" que pose le réseau mondial. Il déplore quelques années plus tard l'abandon du livre, dû selon lui au "développement rapide des technologies numériques", entraînant une "chute du niveau de la culture générale[5]". Les limitations d'accès à Internet font partie du programme intellectuel du président.

Dernier aspect, durant le deuxième mandat de Vladimir Poutine, du chemin vers le conservatisme : la défense, en 2007, de "l'immunité culturelle russe" contre les invasions étrangères. La même année que le

1. Rencontre avec le patriarche Alexis II, région de Moscou, Peredelkino, 13 août 2004.
2. Conférence de presse pour les journalistes russes et étrangers, 1er février 2007, Moscou, Kremlin.
3. Interview à *Time*, 19 décembre 2007.
4. Intervention lors de la réunion du Conseil présidentiel pour la culture et l'art, 30 mai 2007, Moscou, Kremlin.
5. Intervention à l'Assemblée littéraire russe, 21 novembre 2013, Moscou.

célèbre "discours de Munich" dans lequel le président s'oppose violemment à l'ordre unipolaire prôné par les États-Unis et ses alliés européens, l'idée qu'il faut non seulement accorder un rôle moral et éducatif à la culture, mais également la tenir à distance des contagions étrangères apparaît. "Évidemment, nous devons comprendre et accepter la culture des autres pays", nuance Poutine, avant de lancer : "Nous devons créer toutes les conditions pour que la formation de la jeune génération se déroule dans une atmosphère favorable à la culture nationale" pour favoriser sa "maturité spirituelle". La culture, comme à l'époque soviétique, devient un bras armé de la politique nationale.

Le retour de Vladimir Poutine au pouvoir en mai 2012, après la parenthèse Medvedev, est placé sous le signe d'un conservatisme de plus en plus assumé. Depuis quelques mois, des manifestations inédites depuis l'époque de la chute de l'URSS secouent la Russie. Les citoyens protestent contre les élections législatives truquées de décembre 2011 et contre le retour programmé de Poutine à la présidence. Ce dernier muscle alors son discours. Célébrant le bicentenaire de la bataille dite de la Moskova contre les armées napoléoniennes, il clame plus haut encore son patriotisme : "Nous, les Russes, ne devons jamais oublier notre propre pays, son développement, son avenir[1]." De plus en plus martial, il assimile les manifestants qui se sont opposés à son retour au pouvoir à des partisans

1. Cérémonie pour le bicentenaire de la bataille de Borodino [de la Moskova], 2 septembre 2012.

de la défaite de la Russie : "De la trahison nationale[1] !" Et d'exalter le "rôle particulier joué dans notre histoire nationale[2]" par l'orthodoxie, depuis le baptême de la Russie par le prince Vladimir, qui a rassemblé les tribus russes autour d'un État unifié.

Ce sursaut patriotique n'est rien si on le compare à ce qui va suivre. Quelques semaines plus tard, à la mi-septembre 2012, Poutine revient à la charge autour de la question de "l'éducation patriotique de la jeunesse[3]", c'est-à-dire sur "les valeurs, les bases éthiques, sur lesquelles nous pouvons et devons édifier notre vie, éduquer les enfants, développer la société, et en dernière instance renforcer notre pays[4]". De cette éducation dépend l'avenir démographique de la Russie. Le président se concentre alors sur le contexte de "féroce concurrence" des "codes de valeurs". Il dénonce une "attaque de propagande bien mise en scène". "Et il ne s'agit pas de phobie, je n'invente rien[5]", prend-il la peine de préciser : "Les tentatives pour influer sur la vision du monde de peuples entiers, l'effort de les soumettre à sa volonté, d'imposer son système de valeurs et de concepts, est une réalité absolue." Il critique le "chacun pour soi", l'intolérance, l'égoïsme

1. Rencontre au camp de jeunes de Seliger, 31 juillet 2012.
2. *Ibid.*
3. Rencontre autour des questions d'éducation patriotique de la jeunesse, Krasnodar, 12 septembre 2012.
4. *Ibid.*
5. *Ibid.*

– qu'il situe à l'Ouest. Il en appelle au patriotisme, aux religions, aux organisations militaires. Et en arrive à ses obsessions : "Dans le monde contemporain les enfants ne s'instruisent pas seulement à l'école. Le climat moral et éthique de la société dans son ensemble dépend en grande partie de ce qu'ils voient, entendent, lisent[1]." Il vise Internet. Son objectif est de "protéger les enfants de la pornographie, de l'appel à la violence, des comportements amoraux et obscènes[2]"... Comment expliquer ce brusque accès de colère contre la culture occidentale ? De quelle attaque bien préparée parle-t-il ? Au même moment, en France, une promesse du nouveau président François Hollande est en passe d'être réalisée. Elle consiste à rendre possible le mariage entre personnes du même sexe. En Angleterre et au Pays de Galles, une loi en ce sens sera votée en juin 2013. En Russie, début octobre 2012, la Douma annonce qu'elle va discuter une nouvelle loi contre la "propagande homosexuelle". Elle sera votée en janvier et promulguée en juin 2013. Poutine a enfourché un cheval de bataille qui lui permettra d'unifier toute l'Europe conservatrice : la lutte contre la "culture homosexuelle". Cette année 2012, celle de la reprise en main du pouvoir par Vladimir Poutine, s'achève sur un avertissement solennel lancé lors de son adresse à l'Assemblée fédérale : "Les années qui viennent vont être décisives, et constitueront peut-être même un tournant, et pas uniquement pour nous, mais pratiquement pour le monde entier, qui entre

1. *Ibid.*
2. *Ibid.*

dans une époque de changements radicaux, et même peut-être de chocs[1]." Tout est en place pour le grand tournant conservateur et le début de l'offensive contre l'Occident.

Ce que les analystes et les médias russes ont appelé le tournant conservateur, qui se préparait donc depuis des années, a eu lieu à la rentrée 2013. Face aux spécialistes internationaux de la Russie réunis au prestigieux club Valdaï, Poutine se lance dans une longue et stupéfiante diatribe antimoderne et antioccidentale. Tous les thèmes qu'il avait abordés séparément depuis 2000 se coagulent autour d'une défense de l'identité nationale russe – faite de patriotisme, de valeurs chrétiennes, de défense de la famille traditionnelle – contre les attaques de l'étranger, "dans un monde en transformation cardinale[2]". Il repousse tout d'abord trois options pour construire la Russie du XXIe siècle : en premier lieu les nostalgiques d'une "idéologie soviétique que l'on ne peut faire revenir[3]", deuxièmement "les partisans d'un conservatisme fondamental, idéalisant la Russie d'avant 1917[4]", enfin "les tenants de l'ultralibéralisme occidental[5]". Si "la nouvelle idée nationale ne peut naître et se développer selon les lois du marché[6]", si les "grossières

1. Adresse à l'Assemblée fédérale, 12 décembre 2012, Moscou, Kremlin.
2. Club Valdaï, 19 septembre 2013, région de Novgorod.
3. *Ibid.*
4. *Ibid.*
5. *Ibid.*
6. *Ibid.*

tentatives pour civiliser la Russie de l'extérieur[1]" n'ont pas été admises par la majorité du peuple, il est temps, selon Poutine, de formuler une doctrine qui vienne de la société entière et ne soit pas imposée d'en haut. C'est à ce moment de son discours que survient une attaque encore plus violente que les précédentes contre ce qu'il interprète comme "un refus de leurs racines, notamment chrétiennes, fondement de la civilisation occidentale[2]", de la part de "nombreux pays euro-atlantiques[3]". Selon Poutine, "ils refusent les principes éthiques et l'identité traditionnelle : nationale, culturelle, religieuse ou même sexuelle. On mène une politique mettant au même niveau une famille avec de nombreux enfants et un partenariat du même sexe, la foi en Dieu et la foi en Satan. Les excès du politiquement correct conduisent à ce qu'on envisage sérieusement d'autoriser un parti ayant comme but la propagande pédophile. Les gens, dans de nombreux pays européens, ont honte et craignent de parler de leur appartenance religieuse[4]"... Ceci ne peut que mener à une "crise démographique et morale[5]". Un peu plus tard, l'attaché de presse de Poutine prétendra que le président russe a reçu des informations fiables, de la part "de ministères et de départements d'État, des médias, d'enquêtes sociologiques, d'agences d'information",

1. *Ibid.*
2. *Ibid.*
3. *Ibid.*
4. *Ibid.*
5. *Ibid.*

et aussi “de la part de ses amis, connaissances, collègues[1]” sur ce supposé parti pédophile. Il faut privilégier la piste des amis. On a une idée de ce que se racontent en privé Poutine, Yakounine et les autres proches. Poutine conclut publiquement : la Russie ne doit pas accepter d'être le “vassal” de ce “monde unipolaire[2]”. Au même moment, dans les médias, il fait allusion à son “penchant conservateur[3]”.

Après avoir, depuis sa réélection, réprimé les opposants, fait qualifier les ONG bénéficiant d'aides internationales d'“agents de l'étranger”, limité le droit de manifester et la liberté d'expression, interdit l'adoption des enfants russes par les citoyens américains et prohibé la “propagande homosexuelle”, Poutine résume sa pensée le 12 décembre 2013, jour du 20e anniversaire de la Constitution postsoviétique de 1993, dans un grand discours devant tous les représentants de la nation. Ce n'est pas un hasard si cette offensive idéologique a lieu au moment même où les pro-européens du Maïdan de Kiev tiennent tête sans fléchir au régime pro-russe de Viktor Ianoukovitch. Vladimir Poutine déclare dans une nouvelle diatribe antioccidentale : “Aujourd'hui dans de nombreux pays les normes de la morale et des mœurs sont réexaminées, les traditions nationales sont effacées, ainsi que les

1. Cf. le journal quotidien russe *Vedomosti*, 25 septembre 2013.
2. *Ibid.*
3. “Je suis un pragmatique avec un penchant conservateur”, affirme-t-il en ce décisif automne 2013. Entretien accordé à la Première chaîne de télévision russe et à l'agence Associated Press, 4 septembre 2013, région de Moscou, Novo-Ogarevo.

distinctions entre les nations et les cultures. La société ne réclame plus uniquement la reconnaissance directe du droit de chacun à la liberté de conscience, des opinions politiques et de la vie privée, mais la reconnaissance obligatoire de l'équivalence, quelque étrange que cela puisse paraître, du bien et du mal, qui sont opposés dans leur essence[1]." Prétendant incarner la lutte contre cette tendance supposée, il en appelle à la "défense des valeurs traditionnelles" et admet : "Bien sûr, c'est une position conservatrice." La presse russe célèbre désormais "le conservatisme éclairé de Vladimir Poutine [qui] lui assure le leadership mondial[2]" et cite les classements qui placent, comme celui de Forbes en octobre 2013, Vladimir Poutine au rang d'homme le plus influent du monde. Quant aux citoyens, ils sont, d'après un sondage, 56 % à penser que le conservatisme aide le pays à sauvegarder les traditions tout en lui permettant de se développer.

Sur quels penseurs s'appuie le tournant conservateur ? Un site Internet apparu au début de 2014, L'Idée russe, se présente comme le lieu d'élaboration de cette "pensée politique conservatrice". Les historiens de la philosophie y sont très actifs. Ce sont eux qui sont allés expliquer les tenants et les aboutissants du "renouveau conservateur" en Crimée en août 2014. Les plus influents d'entre eux ont étudié ou enseignent à la

1. Adresse à l'Assemblée fédérale, 12 décembre 2013, Moscou, Kremlin.
2. Agence RIA Novosti, 12 février 2014.

faculté de philosophie de l'université d'État de Moscou ; c'est le cas du cofondateur du site, Boris Mejouev. Né en 1970, ce fils de philosophe a, comme toute sa génération, redécouvert les penseurs russes interdits sous le régime soviétique, notamment des penseurs orthodoxes opposés au camp révolutionnaire. Spécialiste du plus célèbre d'entre eux, Vladimir Soloviev, Mejouev entend désormais jouer le rôle d'idéologue de ce qu'il appelle une "renaissance conservatrice". Il dispose d'un excellent canal pour diffuser ses idées, puisqu'il est rédacteur en chef adjoint du quotidien *Izvestia*, proche du pouvoir. Boris Mejouev nous a dressé la liste des penseurs russes qui ont, d'après lui, inspiré la nouvelle donne idéologique. Il cite Constantin Leontiev parmi les pères du conservatisme poutinien. Sur son site, on lit : "On peut compter Leontiev, à côté de Nicolas Danilevski et Konstantin Pobedonostsev [homme d'État et idéologue durant le règne d'Alexandre III] dans la « triade » des représentants les plus éclatants de la pensée conservatrice dans la Russie du XIXe siècle (...). À la frontière des années 1980 et 1990 a débuté la véritable « renaissance » de Leontiev. (...) L'intérêt vis-à-vis de son œuvre n'a pas faibli depuis. (...) On ne peut pas passer sous silence l'actualité de ses idées précisément de nos jours[1]." Selon Boris Mejouev sa philosophie est actuelle car elle "consiste à déplorer que l'Europe se soit engagée dans la voie de la sécularisation en tournant le dos à ses racines chrétiennes, sans oublier sa haine de la

1. Stanislav Khatountsev, "Le Jupiter russe", L'Idée russe, 5 juin 2014, disponible à l'adresse suivante : http://politconservatism.ru/thinking/russkiy+yupiter/.

démocratie, très aiguë actuellement en Russie dans certains milieux[1]".

Leontiev a une personnalité hors du commun. On l'a appelé le "Nietzsche russe". Né en 1831 dans une famille noble, il n'aime rien tant que l'aventure. Il participe comme médecin à la guerre de Crimée de 1854 – ce qui lui vaut une part de la popularité dont il jouit aujourd'hui dans les cercles du pouvoir. C'est un esthète, amateur des formes héroïques et archaïques de la beauté. C'est aussi un mystique. Après un long séjour au mont Athos, ce Don Juan songe à devenir moine. Après avoir été dans ses vieux jours ordonné en secret au monastère d'Optino (celui où Dostoïevski situe *Les Frères Karamazov*), il meurt en 1891 dans un autre monastère célèbre, la Laure de la Trinité Saint-Serge, à Sergueïev Possad, près de Moscou. Paradoxal, à la fois sensuel et mystique, méprisant la médiocrité bourgeoise et le conformisme, il laisse une œuvre qui ne brille pas par son systématisme philosophique mais frappe par sa radicalité. Un seul exemple : il dédaigne le christianisme d'un Dostoïevski, "à l'orgeat douceâtre", trop humanitaire à son goût. Il exalte au contraire les formes sévères et hiérarchiques de l'Église byzantine, refusant toute moralisation du christianisme. Son aristocratisme, son pessimisme, son goût du paradoxe le rendent presque naturellement ennemi de la démocratie, de la liberté, de l'égalité, de la laïcité, de la sécularisation, du confort, de l'eudémonisme. Ce qui a dû également frapper les lecteurs proches de Vladimir Poutine est sa prophétie

1. Entretien avec l'auteur.

d'une "Europe fédérale" menaçant d'engloutir la Russie pour lui ôter toute sa spécificité. Dans une de ses œuvres majeures, *Byzantinisme et monde slave*, publiée en 1875, il annonce : "La France, l'Allemagne, l'Italie, l'Espagne, etc., (...) deviendront les régions d'un nouvel État. (...) On me dira : « Mais cela ne se réalisera jamais ! » Je répondrai : « Heureux est celui qui croit[1]. »" Et dans un autre texte au titre évocateur, *L'Européen moyen comme arme de destruction universelle*, il avertit : "Les Russes doivent le craindre, doivent être terrifiés, pour que l'histoire ne nous séduise pas et ne nous mène pas dans cette voie anticulturelle et ignoble." Au contraire, "nous devons nous efforcer en tous sens de renforcer en nous la discipline intérieure[2]".

Cette haine de l'Europe moderne n'empêche pas Leontiev d'admirer les formes qu'il juge hautes et sublimes de la culture occidentale médiévale et renaissante. Mais il a inventé – ou plutôt adapté à son goût – une théorie naturaliste des trois âges des civilisations. Selon lui, toute civilisation vit d'abord une période de simplicité originelle, puis connaît son apogée dans une ère de "complexité florissante", avant de s'étioler en une époque de simplification et de confusion. L'Europe est, selon lui, entrée en décadence depuis la Renaissance. Elle ne génère plus de saints ni de génies, mais des ingénieurs, des députés et des professeurs de morale. Elle

1. *Byzantinisme et monde slave*, in Konstantin Leontiev, *Vostok, Rossia i Slavianstvo*, Republika, Moscou, 1996, p. 152.
2. *L'Européen moyen comme arme de destruction universelle*, chap. VII. *Ibid.*, p. 426.

est uniforme, dans son mode de développement et son conformisme. Mais elle est à la fois confuse. Ses habitants sont perdus, courent en tous sens sans pouvoir donner du sens à sa vie. Ils ne savent pas reconnaître de principe supérieur enthousiasmant. On imagine combien ce tableau de l'Europe a dû paraître juste à Poutine et à ses proches, qui combattent un modèle, qu'ils jugent homogénéisant, du monde occidental, tout en déplorant son individualisme chaotique, son absence de grands desseins et de capacités de mobilisation. Par contraste, selon Leontiev, la Russie s'inscrit dans la phase ascendante des civilisations. C'est précisément ce que veut dire le président russe actuel lorsqu'il cite Leontiev, lors de son discours conservateur de septembre 2013 : "La Russie, comme le disait de manière si frappante le philosophe Constantin Leontiev, s'est toujours développée comme une « complexité florissante », comme un État-civilisation reposant sur le peuple russe, la langue russe, la culture russe, l'Église orthodoxe russe et les autres religions traditionnelles de la Russie[1]." La Russie est complexe car elle abrite des peuples et des confessions très diverses. Mais elle est florissante car ces différences s'harmonisent en une culture unique, incarnée et dirigée par l'État. C'est donc par l'idée d'une mobilisation par et pour l'État que la diversité devient unité – unité de culture et unité de destin.

On considère Leontiev comme un précurseur d'Oswald Spengler (1880-1936), l'auteur du *Déclin de l'Occident* (1918-1922). Opposé à la vision du progrès

1. Club Valdaï, 19 septembre 2013, région de Novgorod.

ininterrompu des Lumières professée au XVIIIe siècle, il a inspiré tous ceux qui, à l'issue de la Première Guerre mondiale, ont cru à la fin d'un monde – et parfois à la possibilité d'un sursaut de civilisation. Plus généralement, la nouvelle idéologie poutinienne a ses origines non seulement dans la philosophie russe, mais également dans plusieurs variantes occidentales de la pensée conservatrice, et notamment de ce qu'on a appelé la révolution conservatrice en Allemagne entre 1918 et 1933. Comme nous le confirme l'historien de la philosophie russe et allemande Nikolaï Plotnikov, chercheur à l'Institut de philosophie à l'université de Bochum en Allemagne, "toute la pensée conservatrice de la République de Weimar est utilisée aujourd'hui, notamment Carl Schmitt, Ernst Jünger ou encore Ernst Niekisch, le théoricien du national-bolchevisme. Tous ces auteurs ont connu un grand succès dans les librairies russes depuis les années 2000[1]". Rappelons qu'Ernst Jünger (1895-1998), engagé durant les deux guerres, mais hostile au régime nazi, fait l'éloge des dimensions spirituelles et esthétiques de la guerre. Quant à Carl Schmitt (1888-1985), qui s'est, lui, profondément engagé dans le IIIe Reich, il crée ou revivifie plusieurs concepts qui influencent l'idéologie russe actuelle. Dans l'opposition de Vladimir Poutine à la notion de "devoir d'ingérence" ou de "guerre humanitaire", on peut reconnaître l'idée centrale de la théorie politique de Carl Schmitt. D'après lui, rien n'est plus désastreux qu'une lecture morale ou juridique de la politique. De même que le droit est dirigé par les principes binaires de juste

1. Entretien avec l'auteur.

et d'injuste, la morale par ceux de bien et de mal, l'esthétique par ceux de beau et de laid, la politique possède ses notions directrices propres. Il s'agit de celles de l'amitié et de l'inimitié. En politique, on a des amis ou des ennemis, rien de plus. La politique est lutte ou alliance entre corps politiques, mais elle n'a pas à être jugée à travers le prisme exclusif du droit ou de la morale[1]. Héritier assumé et recréateur de l'opposition soviétique entre "les nôtres" et "les vôtres", Poutine s'inscrit dans cette revendication de la politique entendue comme pur rapport de force. Dans sa *Théologie politique* (1922) ou sa *Théorie de la constitution* (1928), Schmitt promeut les notions d'acclamation ou encore de décisionnisme ("est souverain celui qui décide de la situation exceptionnelle") qui ont dû agréablement résonner aux oreilles de certains conseillers de Vladimir Poutine, à la recherche de mots pour incarner la mobilisation conservatrice qui doit soutenir la nouvelle politique russe. Mais le tournant poutinien, préparé depuis plus d'une décennie, n'a pas bénéficié d'une réflexion philosophique profonde, comme cela a été le cas aux États-Unis à la naissance du courant néo-conservateur, dont les racines remontent au moins aux années 1960. En Russie, ce mouvement s'est appuyé sur des auteurs qui n'ont pas été vraiment interrogés dans leur cœur ni dans leurs limites, mais instrumentalisés pour suggérer la supériorité de la "civilisation russe" sur un Occident vu comme décadent. Vladimir Poutine, étrangement, semble surtout obsédé par une question, celle de l'homosexualité. Ce thème coagule

1. Carl Schmitt, *La Notion de politique*, Flammarion, "Champs classiques", 2009.

les éléments très divers qu'il avait mis en avant : valeurs chrétiennes, fidélité à l'histoire nationale, patriotisme, méfiance à l'endroit de l'Occident. On peut donc appeler ainsi cette troisième couche de l'idéologie poutinienne, qui se superpose au soviétisme et au pseudo-libéralisme : une doctrine archéo-conservatrice.

V

LA VOIE RUSSE

Le 18 mars 2014, Vladimir Poutine prononce, dans une "adresse à la Fédération de Russie", le plus important discours de sa vie. Il marque son premier pas comme chef d'État qui change réellement le cours de l'histoire. Au fond, il s'y préparait depuis quinze ans. Il avait déjà fait des essais, en détachant par la force les régions séparatistes d'Ossétie du Sud et d'Abkhazie à la Géorgie. Mais cette fois il a franchi un pas décisif : il a, à l'exemple d'Ivan III et de plusieurs empereurs, "rassemblé les terres russes". Par mesure de rétorsion contre la révolution démocratique ukrainienne (que les officiels russes appellent putsch de la junte fasciste de Kiev), il vient de s'emparer par surprise, après l'envoi de troupes russes sans insignes et un référendum improvisé, de la Crimée, territoire rattaché à l'Ukraine depuis 1954. C'est la première fois depuis la Seconde Guerre mondiale qu'un État européen annexe une région faisant partie d'un autre État européen. Cette opération spéciale est rejetée par une partie de la population de Crimée, notamment les Tatars, ses occupants historiques réprimés et déportés durant la période soviétique, contestée par l'Ukraine et le monde entier – seule la Russie reconnaît l'annexion. Il faut justifier cet acte, tant il viole le droit international et rompt le consensus entre États qui assure la stabilité européenne depuis la fin du nazisme. C'est l'objet de ce discours de la victoire prononcé le surlendemain du référendum et le lendemain de la signature du décret présidentiel officialisant l'appartenance de la Crimée à la Fédération de Russie. Après avoir tenté de prouver la "russité" profonde de la péninsule, fait mine de démontrer la légalité de ce référendum, il en arrive à l'essentiel : si la Russie est condamnée par la communauté internationale pour cette annexion, c'est parce que le monde n'aime pas la Russie et tente depuis toujours de l'isoler, de l'empêcher d'occuper la place qu'elle mérite. Écoutons Vladimir Poutine : "La politique d'endiguement de la Russie, qui a continué au XVIIIe, au XIXe et au XXe siècle, se poursuit aujourd'hui. On essaie toujours de nous repousser dans un coin parce que nous avons une position indépendante, parce que nous la défendons, parce que nous appelons les choses par leur nom et ne jouons pas aux hypocrites. Mais il y a des limites. Et en ce qui concerne l'Ukraine nos partenaires occidentaux ont franchi la ligne jaune. Ils se sont comportés de manière grossière, irresponsable et non professionnelle[1]." Enfin, les choses sont dites : Poutine veut défendre la Russie contre un Occident qui cherche à lui nuire. Son pays, désormais, affirme haut et fort le droit à son propre chemin. Il y a une Voie russe.

1. Adresse à la Fédération de Russie, 18 mars 2014, Kremlin.

Pour la théorie de la Voie russe comme pour le conservatisme, la maturation a été longue. L'idée prend sa source dès l'origine du poutinisme, mais sous une forme encore œcuménique. Au premier rang des ambitions du jeune président, comme il l'annonce deux jours avant d'être élu, en mars 2000, apparaît la volonté de "rendre au pays son prestige et son rôle majeur dans le monde[1]". Après une décennie de démocratie post-soviétique vécue dans une crise économique et sociale presque permanente, après l'humiliation de la fin de l'empire, il faut rendre son rang à la Russie. Très rapidement, Poutine appelle à l'aide les valeurs nationales et orthodoxes. S'il ambitionne une "renaissance spirituelle de la Russie[2]", c'est encore sous le signe du "droit de la liberté, de l'homme et du citoyen[3]". Mais les allusions de plus en plus décomplexées à la "sainte Russie[4]" manifestent "le rôle particulier" que "la Russie a accepté d'assumer comme gardienne des authentiques valeurs chrétiennes[5]". Poutine investit les lieux de mémoire de l'orthodoxie russe et interprète le christianisme dans le sens d'une identité nationale spécifique, appelée à jouer un rôle dans le monde. Il fait d'ailleurs parfois référence à la "philosophie de la religion[6]", qu'il juge "très, très

1. Allocution télévisée, 24 mars 2000.
2. Intervention à l'occasion des "deux mille ans de la naissance du Christ", 11 janvier 2000, Moscou, Kremlin.
3. *Ibid.*
4. Discussion avec les journalistes pendant un voyage aux îles Solovki, 20 août 2001, région d'Arkhangelsk.
5. *Ibid.*
6. Entretien accordé au *Wall Street Journal*, 11 février 2002.

importante[1]" car elle peut remplacer l'idéologie communiste d'antan.

Le désir de jouer un rôle digne de sa puissance dans les relations internationales, marié à la conviction que la Russie possède une culture spécifique qui a des chances de devenir universelle, se transforme peu à peu en conviction suivant laquelle les autres États tentent de faire disparaître cette particularité russe. La mondialisation culturelle ne tente guère Poutine : "Je ne voudrais pas du tout que mon pays, la Russie, perde de sa spécificité, de son identité. Je voudrais beaucoup que les racines culturelles, les racines spirituelles de la Russie, dont nous sommes si fiers et que nous aimons tant, qui font de nous les hommes que nous sommes, soient conservées[2]." Pour l'instant, il ne vise qu'un processus mondial qu'il juge uniformisateur. Mais il va bientôt lancer, à l'occasion de la révolution Orange ukrainienne de 2004 qui consacre la victoire du président pro-européen Iouchtchenko, l'accusation suivant laquelle on cherche à "isoler la Fédération de Russie[3]". Le raisonnement est le suivant : puisque la Russie refuse de se plier aux ordres d'un monde unipolaire et homogénéisateur, puisqu'elle tient à sauvegarder sa voie spécifique, alors on l'empêche d'influencer ses voisins, on la repousse dans une impasse, on l'isole, on la marginalise. La Russie

1. *Ibid.*
2. Interview à la chaîne de télévision NBC, 2 juin 2000.
3. Conférence de presse aux journalistes russes et étrangers, 23 décembre 2004.

doit désormais défendre sa volonté de suivre "une voie qui lui est propre[1]" et réclamer le droit d'être entendue et respectée dans sa différence. Les accusations se précisent au cours des années : on veut mater ou rejeter la Russie, non seulement parce qu'elle est différente, mais parce qu'elle fait partie des États les plus puissants au monde. Les États-Unis soumettent de nombreux pays. Les autres, elle les marginalise, au nom des droits de l'homme ou par des méthodes économiques ou militaires. Poutine, en 2007, ne mâche plus ses mots : "Pour parler vraiment franchement, il n'y a pas tant de pays aujourd'hui dans le monde qui ont le plaisir et le bonheur de proclamer qu'ils sont souverains. On peut les compter sur les doigts de la main. C'est la Chine, l'Inde, la Russie et encore quelques pays. Tous les autres se trouvent dans quelque dépendance très substantielle, soit les uns envers les autres, soit envers le leader du bloc[2]."

Quels sont les traits principaux de cette "originalité russe" ? Outre les fondements chrétiens, le patriotisme, l'attachement à la tradition, la tolérance envers les autres peuples dans un espace multiethnique, la Russie aurait sa propre version de la démocratie. Révolté par l'utilisation "du lexique démocratique pour influer sur notre politique intérieure et extérieure[3]", Poutine revendique le droit de réinterpréter

1. Adresse au Conseil de la Fédération de Russie, 25 avril 2005, Moscou, Kremlin.
2. Club Valdaï, 14 septembre 2007, Sotchi.
3. *Ibid.*

à sa manière les notions de droit de l'homme ou de liberté d'expression. Il accepte l'universalité des principes démocratiques, mais pas de son langage ni de ses expressions politiques concrètes : "La démocratie russe est le pouvoir du peuple russe, justement, avec ses traditions propres d'autogestion populaire, et non la réalisation de standards qui nous seraient imposés de l'extérieur[1]." L'affirmation d'une Voie russe passe par une adaptation de la démocratie à l'histoire politique nationale, liée à des formes de démocratie locale directe. La réalité est à l'inverse de cette apologie des vieilles traditions des communes du nord de la Russie, car Poutine a supprimé en 2004 l'élection des gouverneurs. Dans l'esprit du président russe, son pays a d'autant moins de leçons de démocratie à recevoir qu'il a joué un rôle essentiel dans l'histoire du monde : on ne peut pas se permettre d'être pointilleux et formaliste avec celui qui vous a sauvé la vie. Selon lui, "c'est justement la force de la Russie authentique, historique, de la Russie de Minine et Pojarski, de Dimitri Donskoï et d'Alexandre Nevski, de Serge de Radonège et de Séraphin de Sarov, qui a vaincu le nazisme et sauvé le monde[2]". Cette manière d'interpréter la victoire de l'Armée rouge sur Hitler est significative. Elle n'est pas nouvelle dans la philosophie de la Voie russe. Elle renvoie à l'élan populaire qui a repoussé, en 1812, les armées napoléoniennes. Elle rappelle la lutte pour l'indépendance nationale contre les

1. Adresse à l'Assemblée fédérale, 12 décembre 2012.
2. Rencontre avec les participants de l'Assemblée des évêques, 1er février 2013, Moscou, Kremlin.

Polonais et les Lituaniens, les Tatars, les Chevaliers teutoniques. Elle réactive le mythe du peuple uni contre l'agresseur étranger. Elle implique toute une théorie du principe national-populaire (en russe, nation et peuple se disent par le même mot, "*narod*") largement développée, nous allons le voir, par la tradition slavophile. La notion de Voie russe fait donc reposer la politique de la nation sur certaines qualités attribuées au peuple russe. Celles-ci auraient été lentement sculptées par la culture orthodoxe du pays : "Aux moments les plus critiques de notre histoire notre peuple s'est retourné vers ses racines, ses fondements religieux, ses valeurs religieuses[1]." Poutine cite ensuite Staline s'adressant à son peuple en l'appelant "frères et sœurs", et non "camarades", faisant appel à une identité plus profonde que celle définie par la citoyenneté soviétique. Quelles sont ces qualités populaires ? Le président en énumère certaines, en regrettant qu'elles ne soient pas plus agissantes : "La miséricorde, l'empathie, la compassion, le soutien et la compréhension mutuels[2]." Il s'agit des valeurs traditionnellement attachées, par de nombreux écrivains, théologiens, philosophes, à la version russe du christianisme oriental. L'instrumentalisation de la religion chrétienne n'a jamais été aussi forte.

Poutine s'est donné un allié de poids. Il s'agit d'un des Russes les plus célèbres du XXe siècle, l'écrivain et

1. Entretien à l'occasion de la projection du film *Le Second Baptême de la Russie*, 23 juin 2013.
2. Adresse à l'Assemblée fédérale, 12 décembre 2012.

dissident Alexandre Soljenitsyne. L'auteur de *L'Archipel du Goulag*, exilé depuis 1974 en Suisse puis aux États-Unis, se réinstalle en Russie en 1994. Quelques mois après l'accession de Poutine à la présidence, il reçoit ce dernier dans sa maison aux environs de Moscou. Malgré ses réticences face à cet homme, un pur produit du régime soviétique, de sa nomenklatura, de la violence politique du KGB, Soljenitsyne est partisan d'un pouvoir fort et d'une voie spécifique pour la Russie. Il ne veut pas que la démocratie russe devienne un simple décalque du modèle occidental. Il s'inquiète de "l'encerclement" de la Russie par l'Otan. Enfin, il s'alarme du sort des russophones restés dans les républiques d'Asie centrale. Les deux hommes discutent deux bonnes heures. Soljenitsyne lui prodigue ses conseils pour "réaménager notre Russie[1]". Poutine dit retenir ceux qui portent sur l'autogestion du pouvoir local[2]. Mais deux ans plus tard, Soljenitsyne est amer : "Je lui ai bien donné des conseils mais il n'en a suivi aucun", regrette-t-il au cours d'un entretien accordé aux *Nouvelles de Moscou*, début 2002[3]. Il ne se sent suivi ni sur la démocratie locale ni sur son souci écologique. Ceci n'empêche pas Poutine de célébrer et de citer à de nombreuses reprises son nouvel ami. Il lui décerne un prix d'État en juin 2007 en clamant : "Des

1. C'est le titre d'un texte programmatique publié par Soljenitsyne en 1990. Cf. A. Soljenitsyne, *Comment réaménager notre Russie ?*, Fayard, 1990.
2. Entretien accordé aux chaînes de télévision ORT, RTR, et au quotidien *Nezavissimaya Gazeta*, 25 décembre 2000.
3. Cité in Bertrand Le Meignen, *Alexandre Soljenitsyne. Sept vies en un siècle*, Solin/Actes Sud, 2011, p. 829.

millions de personnes dans le monde lient le nom et l'œuvre d'Alexandre Issaevitch Soljenitsyne au destin de la Russie elle-même[1]." L'idée d'une appartenance "de chair et de sang[2]" à la Russie constitue en effet le fondement du patriotisme poutinien. L'hostilité de Soljenitsyne aux Lumières, qui condamne d'un même geste le socialisme et le libéralisme, convient parfaitement à l'idéologie russe qu'est en train d'élaborer le président. Il incorpore donc le nom de l'écrivain à son discours antioccidental. Il use et abuse d'une formule qu'il lui emprunte. Dans son adresse au Conseil fédéral russe de 2006, il le cite à propos de "l'un des problèmes majeurs pour le pays", celui de la "démographie ou, selon l'heureuse expression de A. I. Soljenitsyne (...) [du] *souci du peuple. (Applaudissements.)*[3]" Après sa mort en 2008, Poutine signera un décret pour annoncer un hommage officiel de la nation pour le 100e anniversaire de sa naissance, en 2018[4]. L'ancien dissident anticommuniste est devenu une figure officielle de la nouvelle Russie, dont les citations aident à justifier toutes les entreprises impérialistes, notamment contre l'Ukraine.

Alexandre Soljenitsyne est l'héritier d'une longue tradition philosophique russe, le mouvement slavophile. La manière dont Poutine affirme la spécificité de la Voie russe signifie-t-elle que le président russe

1. 12 juin 2007, Moscou, Kremlin.
2. *Ibid.*
3. 10 mai 2006, Moscou, Kremlin.
4. Décret du 28 juin 2014.

se soit approprié ce courant ? Pour l'exprimer très simplement, la pensée russe se divise, depuis le début du XIXe siècle, en deux grands courants opposés. D'un côté, les occidentalistes considèrent que la Russie a vocation, depuis Pierre le Grand, à faire pleinement partie de l'Europe et à rattraper son retard sur elle, ce qui suppose l'abandon de l'arbitraire impérial, de la limitation des libertés, de la défense à tout prix d'une identité orthodoxe et du nationalisme. L'un des premiers représentants de ce courant est Piotr Tchaadaïev (1794-1856), qui publie dans la revue *Teleskop*, en 1831, sa première *Lettre philosophique* rédigée en français, provoquant la stupéfaction et faisant naître la polémique. Pour Tchaadaïev, l'Europe bénéficie d'un "patrimoine héréditaire d'idées[1]" : "Les idées de devoir, de justice, de droit, d'ordre[2]." Par contraste, la Russie a manqué toutes les occasions de participer à la culture mondiale : "Solitaires dans le monde, nous n'avons rien donné au monde, nous n'avons rien pris au monde ; nous n'avons pas versé une seule idée dans la masse des idées humaines ; nous n'avons en rien contribué aux progrès de l'esprit humain, et tout ce qui nous est revenu de ce progrès, nous l'avons défiguré[3]." Quant aux grands empereurs qui ont aimé ou parcouru l'Occident, comme Pierre le Grand ou Alexandre Ier, le vainqueur de Napoléon, ils n'ont pas eu de descendance :

---

1. P. Tchaadaïev, *Lettres philosophiques adressées à une dame*, "Lettre première", *Œuvres complètes*, t. I, p. 93, (*Polnoe sobranie sotchinenij i izbrannye pis'ma*, t. I, Nauka, Moscou, 1991).
2. *Ibid.*
3. *Ibid.*, p. 96.

"Une fois, un grand homme [Pierre le Grand] voulut nous civiliser et, pour nous donner l'avant-goût des lumières, il nous jeta le manteau de la civilisation : nous ramassâmes le manteau, mais nous ne touchâmes point à la civilisation[1]." Après avoir publié cette lettre, Tchaadaïev est déclaré fou par les autorités et est interdit de publication. Tchaadaïev est encore un penseur chrétien. Les autres occidentalistes, eux se détachent plus ou moins violemment de la croyance religieuse. Alexandre Herzen, (1812-1870), véritable chef de file du courant, est influencé par la pensée française, par Saint-Simon, Fourier, Cabet, Louis Blanc George Sand. Cet adversaire de la religion quitte la Russie en 1847, publie une revue en exil. Il fréquente Proudhon, fait connaissance avec Garibaldi, correspond avec Bakounine, milite pour le socialisme, la révolution et le matérialisme. Quant au puissant critique Vissarion Belinski (1811-1848), admirateur de Hegel et de Feuerbach, il fait l'apologie du réalisme en art et se considère comme socialiste et athée. Ce courant va peu à peu inspirer la jeunesse radicale que décrira Dostoïevski dans *Les Démons*.

Face aux occidentalistes, les slavophiles, eux aussi influencés par la philosophie allemande – surtout Hegel et Schelling – veulent promouvoir un génie national fondé sur sa vision religieuse du monde, les vertus du peuple russe ou les particularités de son organisation sociale. Ce sont souvent des Moscovites attachés aux traditions de la cité aux "quarante fois

1. *Ibid.*, p. 96-97.

quarante" églises et aux vieilles traditions nobiliaires. Selon eux, la résistance à l'invasion napoléonienne a permis un soulèvement national et populaire. Et cette vague a vaincu le mouvement impérialiste né des valeurs abstraites issues de la Révolution française. Alexis Khomiakov (1804-1860), l'un de leurs chefs de file, est un noble terrien, grand chasseur et proche des paysans dont il espère la libération. En 1836, il répond à Tchaadaïev en publiant, lui aussi, une lettre adressée à une amie : cet article "t'a vexée, et tu répètes involontairement : sommes-nous vraiment si nuls en comparaison à l'Europe, ressemblons-nous vraiment à des enfants adoptés dans la famille commune de l'humanité[1] ?". Pour Khomiakov l'erreur des occidentalistes est d'oublier les richesses propres de la Russie : "Nous avons laissé de côté le travail d'amélioration de tout ce qui est à nous, car on nous a inspiré l'amour et de respect uniquement pour ce qui nous est étranger." "Nous ne respectons pas notre langue maternelle ; notre antique simplicité de mœurs est souvent remplacée par de l'artifice." L'attaque est frontale contre les occidentalistes : "Pourquoi vivent-ils comme des invités dans leur patrie ? Pourquoi ne parlent-ils pas en russe, n'écrivent-ils pas en russe, ne pensent-ils même pas en russe ?" Contre une fascination superficielle et salonarde de l'Europe, Khomiakov appelle ses contemporains à découvrir les richesses

1. Alexis Khomiakov, "Neskol'ko slov o *Filosofitcheskom pis'me* napetchatannom v 15 knijke *Teleskopa*", à consulter sur le site www.vehi.net/khomyakov/izpisma.html ("Quelques mots sur *Les Lettres philosophiques* publiées dans le 15e numéro de *Teleskop*").

de la théologie orthodoxe, du principe collectif qui structure la vie paysanne, des qualités du peuple.

L'autre fondateur du courant slavophile, Ivan Kireïevski (1806-1856), intervient lui aussi dans le débat. En 1838, en écho à Khomiakov, il enfonce le clou : "Je n'ai pas du tout l'intention de rédiger une satire de l'Occident. Personne plus que moi ne connaît le prix de ce confort de la vie collective et individuelle produit par le rationalisme [occidental][1]." Mais il fustige cependant "l'état d'apathie morale, d'absence de conviction, d'égoïsme général[2]", défauts qui "réclament des nouvelles forces morales qui ne viennent pas de la raison, un nouveau ressort vital qui ne ressortisse pas au calcul[3]". Critiquant l'individualisme, la sécheresse abstraite, le mécanisme formel de la vie en Occident, il célèbre lui aussi la communauté organique de la vie populaire russe, nourrie par une foi chrétienne vivace. D'autres penseurs slavophiles comme Constantin Aksakov (1817-1860) ou Youri Samarine (1819-1876) font vivre le mouvement. Si de nombreux philosophes et écrivains ont pu l'enrichir ou le dépasser, le dualisme entre occidentalistes et slavophiles structure, depuis cette époque, le champ intellectuel russe. Il a survécu à la révolution de 1917. Cette ligne de fracture existait même, en effet,

1. I. V. Kireïevski, *Polnoe sobranie sotchinenij*, Moskva, 1911 (réédité par Gregg International Publishers Limited, Westmead, Farnborough, Hanks, England, 1970), t. I, p. 112. Traduction en français in I. V. Kireïevski, *Essais philosophiques*, Le Sycomore, 1988, p. 113.
2. *Ibid.*, p. 113.
3. *Ibid.*, p. 113.

au sein des élites communistes et du Bureau politique du Parti... Elle s'est exprimée dans les revues soviétiques. Et parmi les dissidents, un Sakharov occidentaliste s'opposait à un Soljenitsyne slavophile.

Poutine est-il slavophile ? Il peut lui arriver de citer Constantin Aksakov[1]. Mais il est difficile de constater une influence réelle des slavophiles dits de la première génération sur le président russe. Pour le philosophe Nikolaï Plotnikov, "beaucoup ont voulu voir dans la politique de Poutine une continuation de la slavophilie. L'idée d'une voie spécifique est bien présente chez eux, mais elle est intellectuelle, religieuse, pas du tout politique. Il n'y a pas d'impérialisme politique chez les premiers slavophiles, au moins jusqu'à l'insurrection polonaise de 1861. La vision slavophile est romantique, comme en Allemagne à la même époque. Elle comporte un élément universaliste[2]". C'était déjà ce qu'écrivait un autre philosophe russe, Nicolas Berdiaev, auteur d'une monographie sur Khomiakov. Selon lui, "l'aversion à l'égard de la politique, l'apolitisme sont des traits nationaux russes chez Khomiakov. (...) De même que tous les slavophiles, Khomiakov voyait la mission du peuple russe, non dans la vie politique, mais dans la vie suprême de l'esprit[3]". En effet, l'idéal slavophile est organique et

---

1. Intervention lors des cérémonies consacrées au 860e anniversaire de la fondation de Moscou, 2 septembre 2007, Moscou : "«Moscou a levé la bannière de toute la Russie et est devenue une capitale»", écrivait l'historien et philosophe Constantin Aksakov.
2. Entretien avec l'auteur.
3. Nicolas Berdiaev, *Khomiakov*, L' Âge d'homme, p. 49.

“domestique[1]”. Il ne s’accorde guère avec la froide administration étatique. “Tous les slavophiles étaient opposés à la souveraineté de l’État, continue Berdiaev, ils exécraient la bureaucratie ; pour eux le tsar était un père et non une autorité formelle, la société était l’union organique d’un amour libre[2].” Bref, la doctrine slavophile ne peut se transformer en politique réelle. Surtout, elle ne justifie aucun impérialisme. Selon les slavophiles, le peuple russe, agricole par excellence, est doux et pacifique. Il cherche d’abord à cultiver et protéger sa terre et sa commune villageoise. Au contraire, l’idée d’empire, par exemple pour Khomiakov, est profondément occidentale et romaine. Les Russes, aux yeux des slavophiles, ne sauraient se montrer agressifs, conquérants ou colonisateurs. Cette vision est naïve. L’idéalisation du peuple empêche les premiers slavophiles de théoriser la conquête de nouvelles terres par les tsars.

Un autre historien de la philosophie, Alexandre Koyré, montre également qu’il est impossible d’assimiler les premiers slavophiles des années 1830 et 1840 à des ultranationalistes. Il rappelle “qu’il fallait qu’ils se sentissent eux-mêmes intérieurement étrangers en Europe et étrangers en Russie, pour connaître à la fois et cette aspiration à se retremper aux sources mêmes de la vie nationale, à communier avec le « peuple », et ce rêve d’une civilisation harmonieuse et totale[3]”. D’ailleurs

1. *Ibid*, p. 50.
2. *Ibid.*, p. 52.
3. A. Koyré, *La Philosophie et le Problème national en Russie au XIXe siècle*, Gallimard, p. 13.

“les plus occidentalisés n’étaient pas les occidentalistes”, car les slavophiles, issus de grandes familles de l’aristocratie, avaient fait leurs études en Allemagne tandis que les occidentalistes appartenaient à des milieux différents et peut-être plus enracinés dans la vie russe[1].

Enfin, selon Nikolaï Plotnikov, “la figure centrale de la « voie propre » définie par les slavophiles est l’union de l’Église et de l’État. Or cette idée ne fonctionne pas du tout actuellement. On a pu imaginer une telle union dans les années 2000, lorsque Vladimir Poutine s’appuyait énormément sur l’Église orthodoxe russe, dans ses projets éducatifs notamment. Cette alliance était alors très acceptable. Mais lorsque nous sommes arrivés à des situations politiques concrètes, comme en Ukraine depuis 2014, on constate la vacuité de cet idéal. Les intérêts politiques se heurtent même aux intérêts religieux. En Ukraine, en effet, la majorité de la population, est orthodoxe. L’Église orthodoxe russe se retrouve d’après lui entre deux feux[2]”, devant à la fois défendre des fidèles hostiles à l’influence de Moscou et ne pas se fâcher avec Poutine. Au fond, il n’est pas possible de rattacher la politique poutinienne, étatique, administrative, impérialiste, au courant slavophile originel,

1. *Ibid.*, p. 15.

2. Entretien avec l’auteur. Certes, une partie des fidèles dépend du patriarcat de Moscou, allié au Kremlin. Mais ils ne sont pas tous acquis à la cause de Poutine et plaident pour une neutralité de l’Église dans le conflit entre pro-russes et pro-européens. Par ailleurs, les autres chrétiens orthodoxes se rattachent au patriarcat de Kiev, ou encore à l’Église autocéphale, autonome depuis les années 1920.

autrement plus riche, plus complexe et plus libre – irréductible, au fond, à toute idéologie d'État.

En revanche, la doctrine de Poutine est beaucoup plus proche d'un autre philosophe russe, que l'on classe souvent dans la catégorie de la "deuxième génération slavophile". Il s'agit de Nicolas Danilevski (1822-1875), qui a toujours revendiqué une slavophilie orientée vers la pratique, bien éloignée des visions purement culturelles et "rêveuses" d'un Khomiakov ou d'un Kireïevski. Comme nous l'a confié Boris Mejouev, Danilevski est aujourd'hui le premier inspirateur de la politique poutinienne, car "il a montré que l'Occident n'est pas universel[1]". Il promet même un bel avenir politique à Danilevski, qui est enterré en Crimée, et qu'il verrait bien élevé au rang de penseur officiel du renouveau national en cours. Dans son ouvrage majeur, *La Russie et l'Europe* (publié en volume séparé en 1871), Danilevski propose une union de tous les Slaves sous la direction de la Russie. Ce projet est d'abord motivé, d'après lui, par l'impossibilité pour son pays de faire partie de l'Europe. La Russie est d'après lui trop originale, trop différente, pour s'allier à l'Occident. Un premier facteur l'en empêche, sa taille : "On ne peut nier que la Russie soit trop énorme et trop puissante pour être seulement l'une des grandes puissances européennes[2]." D'ailleurs, l'Europe, quand elle ne l'exploite pas, rejette la Russie. L'inimitié entre Russie

1. Entretien avec l'auteur.
2. N. Danilevski, *Rossia i Evropa (La Russie et l'Europe)*, Glagol, Saint-Pétersbourg, 1995, chap. xv, p. 339.

et Europe est structurelle. Seule ce que Danilevski appelle l'Union slave peut se mesurer à l'Europe unie. Il ne faut donc pas craindre, souligne-t-il, une domination russe universelle. Au contraire, l'union de tous les Slaves permettrait un nouvel équilibre mondial contre les velléités de domination occidentale. Et la Russie a tout à gagner à affronter l'Occident sans faiblir : "La lutte avec l'Occident est le seul moyen salutaire pour la guérison de notre culture russe, comme pour la progression de la sympathie panslave[1]." À la suite de Hegel, affirmant dans les *Principes de la philosophie du droit*, "le *moment* éthique *de la guerre*[2]", l'union effective du citoyen particulier à l'État, puisque chaque citoyen est prêt à sacrifier ses biens et même son existence privée pour le salut collectif, Danilevski considère que la mobilisation populaire dans la guerre représente un ferment privilégié de renaissance culturelle et politique. Danilevski formule même une "loi d'économie historique" selon laquelle un réservoir de forces vitales s'est accumulé depuis des siècles en Russie : une partie de la population, "protégée" par des forêts, des steppes, des montagnes, "continue (…) à se développer silencieusement, économisant la force future[3]". Et cette "énergie tribale ethnographique[4]" doit, un jour ou l'autre, trouver le moyen de se dépenser.

1. *Ibid.*, p. 368.
2. Hegel, *Principes de la philosophie du droit*, § 324, trad. Kervégan, PUF, p. 400-401.
3. *La Russie et l'Europe*, p. 371.
4. *Ibid.*, p. 373.

Lorsqu'il évoque les forces intérieures dont dispose la Russie pour cette confrontation à venir, Danilevski explique que la "particularité éthique" du peuple russe est "son osmose avec son dirigeant[1]", qui crée une réalité dialectique qu'il nomme un "enthousiasme discipliné[2]" où coopèrent parfaitement le commandement et la mobilisation totale des forces populaires. Il souligne que c'est une force que le monde a rarement, ou n'a même jamais vue, les croisades ayant manifesté un enthousiasme "non discipliné". En revanche, les Européens ne possèdent pas cet héroïsme et cette unité qui, seuls, pourraient leur permettre de battre les Russes en route vers leur accomplissement historique. Dans le dernier chapitre de son ouvrage, Danilevski répond à tous ceux qui ne croient pas à la spécificité de la culture slave et tente un peu de "divination" pour décrire à quoi elle ressemblera après la victoire contre l'Europe. Le premier aspect du "type culturel-historique slave[3]", le plus important, est la religion. Le philosophe considère la Russie comme un peuple élu de Dieu pour préserver dans le monde la vérité religieuse. Autre idée empruntée aux slavophiles : c'est le peuple qui incarne cette religiosité dans son "caractère" – répugnance à la violence, humilité, respect... Outre la religion, les Slaves se caractérisent par leur capacité à l'indépendance politique, leur goût de la liberté civile. Mais la civilisation slave n'en est, pour Danilevski, qu'à son commencement. Afin qu'elle

1. *Ibid.*, p. 389-390.
2. *Ibid.*, p. 390.
3. *Ibid.*, p. 407.

devienne elle-même, elle doit cesser d'imiter servilement l'Occident. Et dans ce but, elle doit le combattre.

Cet ouvrage est l'une des bibles de l'élite politique russe actuelle. Il porte en lui une partie du projet poutinien. L'idée d'une effectuation de la Voie russe à travers une confrontation avec l'Europe occidentale a inspiré les conseillers du Kremlin. Un autre trait saillant de la doctrine de Danilevski doit être relevé. Tout comme Constantin Leontiev et Lev Goumilev, autre penseur cité par Vladimir Poutine et que nous évoquerons plus loin, Danilevski dissimule son projet expansionniste derrière la neutralité scientifique. Il a une formation de botaniste. Il lit l'histoire des civilisations comme celle du développement des espèces, végétales ou animales, dans un schéma où se succèdent l'engendrement, l'épanouissement et le déclin, à partir d'"énergies vitales" spécifiques. Cette prétention à la science distingue radicalement, comme le souligne Berdiaev, la philosophie spéculative des premiers slavophiles et le système positiviste de Danilevski. Ce dernier "appuie d'arguments ouvertement naturalistes la grande mission de la Russie, son slavophilisme n'est pas justifié religieusement, mais selon les sciences naturelles, ethnographiquement, linguistiquement, par la doctrine des races et des types d'évolution[1]". Le président russe apprécie la philosophie à prétention scientifique.

1. Nicolas Berdiaev, *Khomiakov*, *op. cit.*, p. 106.

VI

LE RÊVE EURASISTE

Le 29 mai 2014, la Russie, le Kazakhstan et la Biélorussie signent solennellement un traité d'Union économique. Celle-ci doit rapidement se transformer en Union eurasiatique, permettant la libre circulation des personnes, des capitaux, des marchandises et des services. Une monnaie commune et une citoyenneté unique ont été évoquées, mais n'apparaissent plus dans le traité. Le Kazakhstan et la Biélorussie ne semblent plus si pressés d'accélérer l'intégration. L'ambiance n'est pas à l'enthousiasme. Le grand projet du troisième mandat de Vladimir Poutine est contrarié par les événements ukrainiens. D'abord, le président russe n'envisageait pas un tel édifice sans l'Ukraine. Or celle-ci a tourné le dos à la Russie. Ensuite, la guerre menée par Moscou en Ukraine au nom de la défense des populations russophones a refroidi les partenaires biélorusses et kazakhs. Cela n'empêche pas le président russe de vouloir y faire entrer de nouveaux membres. L'Arménie et le Kirghizstan sont attendus. L'Union eurasiatique, dont Poutine veut faire le pendant de l'Union européenne, n'en est encore qu'à ses débuts.

Dès les premiers temps de sa présidence, alors qu'il joue l'occidentaliste, Vladimir Poutine n'oublie pas l'autre plateau de la balance géopolitique russe. S'il réaffirme que "la culture de la Russie et les traditions qui fondent sa formation la rattachent à la civilisation européenne[1]", il rappelle : "nous sommes bien sûr aussi en Asie[2]", ce qui implique des relations "normales et amicales" avec l'Asie centrale, la Chine, l'Inde et le Japon. Les visites qu'y effectue Poutine dès son accession à la présidence le démontrent. Mais il suffit de quelques mois de rapports, déjà conflictuels, avec l'Europe et les États-Unis (élargissement de l'Otan, polémique sur l'attitude du président russe durant le naufrage du sous-marin *Koursk*, ton irrévérencieux des médias américains), pour rendre le pôle asiatique plus aimable. Dans un article intitulé "Russie : nouvelles perspectives orientales", le président affirme que "la Russie s'est toujours ressentie comme un pays eurasien. Nous n'avons jamais oublié que la partie principale du territoire russe se situe en Asie. Il est vrai, il faut le dire franchement, que nous n'avons pas toujours utilisé cet avantage[3]". Il est temps de mettre en œuvre la conversion de la politique russe vers l'Asie. Le jour de sa troisième intronisation, le président insiste sur la nécessité d'une nouvelle étape : "Nous avons suivi ensemble un chemin long et compliqué. Nous nous sommes mis à croire en nous-mêmes, en nos forces. Nous avons renforcé le pays, avons reconquis notre dignité de grande

1. 6 décembre 2002, Moscou.
2. *Ibid.*
3. *Nezavissimaya Gazeta*, 14 novembre 2000.

nation. Le monde a vu la Russie renaissante (…). Nous avons tout, aujourd'hui, pour aller de l'avant[1]." Vers quelle finalité ? "Devenir le leader et le centre de gravité de toute l'Eurasie[2]." Pratiquement personne ne devine les événements des mois à venir, mais Poutine prévient : "Les années qui arrivent seront déterminantes pour les prochaines décennies du destin de la Russie." Le grand dessein est confirmé à la fin 2013. Dans un discours, Poutine qualifie l'émergence de la Sibérie et de l'Extrême-Orient russe de "priorité nationale pour tout le XXIe siècle[3]".

Le premier dirigeant à avoir politiquement investi la doctrine eurasiste n'est certes pas Poutine, mais le président kazakh Noursoultan Nazarbaïev – sans oublier les dirigeants des États ex-soviétiques ou les territoires turcophones de Russie, comme le Kirghizstan, le Tatarstan, la Bouriatie, la Kalmoukie… En 1996, Nazarbaïev crée l'université Lev-Goumilev, du nom d'un eurasiste du XXe siècle. Poutine lui reconnaît d'ailleurs volontiers la paternité de cette idée : "l'auteur, c'est justement vous[4]" le félicite le président russe. Devant les jeunes Russes du forum Seliger 2014, il admet : "L'Union eurasiatique, je dois le reconnaître, ce n'est pas moi qui l'ai inventée." Mais il oublie cette

1. Discours d'investiture à la présidence, 7 mai 2012, Moscou, Kremlin.
2. *Ibid.*
3. Adresse à l'Assemblée fédérale, 12 décembre 2013, Moscou, Kremlin.
4. Rencontre avec le président kazakh Noursoultan Nazarbaïev, 15 mai 2012, Moscou, Kremlin.

fois Nazarbaïev pour remonter à des penseurs… russes : “Les philosophes savent ce qu’est l’idée eurasiste, de quelle manière elle s’est développée, qui l’a soutenue en Russie. Et les Kazakhs s’en sont saisis[1].”

Ce projet a en effet une origine philosophique. La défaite russe à l’issue de la guerre de Crimée, en 1856, contre la France, le Royaume-Uni et l’Empire ottoman, fait naître une certaine désillusion vis-à-vis de l’Europe. La Russie commence à se tourner vers l’Asie[2]. Mais le courant eurasiste prend véritablement naissance dans les années 1920, après la révolution russe, parmi les penseurs émigrés à Prague, Sofia, Vienne, Berlin ou Paris. L’un de ses représentants, le géographe et économiste Piotr Savitski (1895-1968), réfute la séparation entre l’Europe et l’Asie matérialisée par l’Oural et postule l’existence d’un “troisième continent”, “monde géographique à part[3]”, l’Eurasie, dont le centre est la Russie. Cet ensemble a une cohérence botanique, car il allie, d’est en ouest, toundra, taïga, steppe et désert. Trois plaines le tissent du Nord au Sud[4]. Du point de vue du relief (quasi inexistant si l’on néglige la “fausse frontière” du mont Oural), du climat, on reconnaît également une harmonie qui fait naître un territoire unifié. Ce continent n’est

1. Forum de la jeunesse russe Seliger 2014, 29 août 2014, région de Tver, Seliger.
2. Cf. Marlène Laruelle, *La Quête d’une identité impériale. Le néo-eurasisme dans la Russie contemporaine*, Petra, Paris, 2007, p. 13.
3. C’est le titre d’un texte publié en 1927.
4. Cf. Marlène Laruelle, *L’Idéologie eurasiste russe*, L’Harmattan, 1999, p. 152.

d'ailleurs pas seulement différent. Il donne son sens géographique à une grande partie du monde : "La Russie-Eurasie est le centre du Vieux Monde, écrit encore Savitski. Ôtez ce centre, et toutes ses autres parties, tout ce système de marges continentales (l'Europe, le Proche-Orient, l'Iran, l'Inde, l'Indonésie, la Chine, le Japon) se transforme en « édifice dispersé ». Ce monde, qui se situe à l'est des frontières européennes et au nord de l'Asie, « classique » est le maillon qui les relie tous en une unité. C'est évident aujourd'hui, et cela le deviendra encore plus distinctement dans le futur[1]." Le linguiste Nicolas Troubetskoï (1890-1938) a tenté de démontrer que cet espace abritait une association de langues cohérente malgré leurs différences. S'il existe une loi expliquant la diversité des langues, il doit donc exister un méta-continent incarnant cette harmonie des différences : c'est l'Eurasie.

Le courant eurasiste diffère de ceux que nous avons énumérés jusqu'à maintenant. Contrairement aux occidentalistes, les eurasistes critiquent "l'européocentrisme" qui se pose comme le seul vecteur de progrès dans l'histoire moderne. Selon Troubetskoï, "nous devons nous habituer à l'idée que le monde romano-germanique, avec toute sa culture, soit notre pire ennemi. Nous devons renverser et piétiner sans pitié les idoles des idéaux sociaux et des préjugés empruntés à l'Occident, qui orientent toujours les idées de nos

1. Piotr Savitski, "Les fondements géographiques et géopolitiques de l'eurasisme" ("Geografitcheskie i geopolititcheskie osnovy evrasijstva"), article de 1933, à lire sur le site Gumilevca.kulichki.net.

intellectuels[1]". Mais les curasistes se distinguent également des slavophiles sur un point majeur, qui concerne l'histoire russe. En Russie, la longue période du joug tataro-mongol, qui a duré du XIIIe au XVe siècle, est traditionnellement vécue comme une période de terreur, de persécution et d'arbitraire. Le peuple russe orthodoxe a dû subir deux siècles de domination étrangère. Or les eurasistes réévaluent cette période. Selon eux, elle a favorisé l'union des princes russes. La présence mongole, à l'image de la présence arabe en Espagne, aurait également constitué un facteur de progrès. Les hordes tatares auraient énormément apporté à la Russie en termes de compétences économiques et financières, de gestion politique, d'efficacité militaire – sans oublier une réelle tolérance religieuse. Évoquant la figure de Gengis Khan, Nicolas Troubetskoï écrit : "Il n'était pas seulement un grand conquérant, mais aussi un grand organisateur. Comme tous les hommes d'État de large envergure, il ne commandait pas seulement, dans son action organisatrice, selon les conceptions étroitement pratiques du moment présent, mais selon des principes élevés et des idées liées à un système ordonné[2]." L'eurasisme est une doctrine qui intègre pleinement les peuples non russes, notamment turcophones, de

1. Cf. N. Troubetskoï, "Le problème russe", 1921 ("Russkaïa problema" in *Nasledie Tchingiskhana*, Agraf, Moscou, 1999, p. 341).
2. Nicolas Troubetskoï, "L'Histoire russe vue non de l'Occident, mais de l'Orient" ("Vzgliad na russkuju istoriu ne s zapada, a s vostoka"), *Ibid.*, p. 230.

la région. L'Islam n'y est pas vu, par la plupart de ses représentants, comme un ennemi, bien au contraire. Enfin, contrairement à Ilyine cette fois, de nombreux eurasistes ont vu la révolution de 1917 et la naissance d'un nouveau géant géopolitique sur les terres de l'Eurasie d'un œil bienveillant. D'après eux, elle marque l'arrachement de la Russie, puissance eurasiatique, par rapport à un univers européen mortifère, contraire à sa polarité orientale, dite aussi touranienne.

Ce courant, souterrain à l'époque soviétique, a été redécouvert dans les années 1990. Il jouit même depuis plus de vingt ans d'une immense popularité dans tout l'espace post-soviétique. La figure la plus célèbre de ce renouveau est, malgré de nombreux malentendus, Alexandre Douguine[1]. Avec sa barbe de prophète et son regard d'azur, il passe parfois en Occident pour le "gourou" de Poutine. Ce n'est pas le cas. Selon l'ancien conseiller économique Andreï Illarionov, "les proclamations grossières de Douguine insultent l'intelligence du président" et il est très peu probable qu'ils se fréquentent. Mais Poutine s'imprègne, bon gré mal gré, de l'activité médiatique forcenée du néo-eurasiste. Douguine opère un étrange mélange d'eurasisme et de doctrines liées à l'extrême droite. Il est un inconditionnel de Carl Schmitt ou du créateur du

1. Sur les avatars du néo-eurasisme dans la Russie contemporaine, il faut lire *La Quête d'une identité impériale*, de Marlène Laruelle, Petra, 2007. Pour mémoire, Alexandre Douguine est le fondateur, avec Edouard Limonov, du Parti national-bolchevik en 1993.

national-bolchevisme Ernst Niekisch. Il est un adepte du traditionalisme antimoderne de René Guénon et du paganisme fasciste de Julius Evola. Il se pique d'occultisme, tout comme le mystérieux écrivain roumain Jean Parvulesco, ancien de l'OAS, ami de certains cinéastes de la Nouvelle Vague[1] et inconditionnel de Poutine. Il se revendique héritier du théoricien nationaliste révolutionnaire belge Jean Thiriart. Ce francophone est depuis longtemps très bien accueilli au sein de la "nouvelle droite" française et cite régulièrement Alain de Benoist. Certains de ses ouvrages sont traduits en français et préfacés par le théoricien antisémite du mouvement "Égalité et réconciliation" Alain Soral. Dans l'un d'eux, rédigé en 2009, il promeut un combat contre l'Occident libéral et démocratique au nom de l'empire eurasiatique. Il tente de montrer que la "mondialisation libérale" nous tire "vers l'abîme de la dissolution postmoderniste de la virtualité. Notre jeunesse a déjà un pied dans cet abîme : les codes du globalisme libéral s'introduisent de plus en plus efficacement au niveau de l'inconscient, dans les habitudes, la publicité, le glamour, les technologies, les modèles de réseau. La perte de l'identité, non seulement nationale ou culturelle mais aussi sexuelle et bientôt humaine est désormais chose commune[2]". Douguine dissout l'eurasisme dans la théorie du "nouvel ordre mondial" d'extrême droite, en la mâtinant d'occultisme et de

1. C'était un fidèle ami d'Éric Rohmer, notamment. Cf. Antoine de Baecque, Noël Herpe, *Éric Rohmer. Biographie*, Gallimard, 2014.
2. Alexandre Douguine, *La Quatrième Théorie politique*, Ars Magna, 2012, p. 54.

messianisme – un chapitre s'intitule "La démocratie globale comme royaume de l'Antéchrist[1]". Toute la question, pour la Russie, est selon lui de céder à une mondialisation débilitante ou d'incarner la résistance. Il constate qu'avant 2012, Poutine demeure dans une position d'attente : "Le pouvoir a rejeté un occidentalisme direct, sans pour autant occuper une position alternative (slavophile, eurasiste). Le pouvoir s'est figé[2]." Mais "il ne sera pas possible de « tendre l'élastique » au-delà d'un certain point critique. Le pouvoir sera contraint de procéder au choix qui prédéterminera la logique future des relations avec l'Occident[3]". Il prédit une confrontation avec l'Ouest au sujet des États post-soviétiques tentés de se tourner vers l'Europe et les États-Unis. D'après Douguine, "si l'Ukraine et la Géorgie entraient dans la composition de l'empire américain, (...) le projet impérial se verrait alors bloqué pour la Russie[4]". Ainsi "le compte à rebours pour empêcher l'annexion de l'Ukraine par l'empire atlantiste a déjà commencé". Après le coup de semonce de l'invasion de la Géorgie en 2008, la Russie se tient prête pour la suite. "Nous ne pouvons exclure d'avoir à mener une bataille pour la Crimée et pour l'Ukraine orientale[5]", conclut Douguine.

1. *Ibid.*, p. 62.
2. *Ibid.*, p. 165.
3. *Ibid.*, p. 166.
4. *Ibid.*, p. 225.
5. *Ibid.*, p. 228.

Nous avons interrogé Alexandre Douguine sur les philosophes qui inspirent Poutine. D'après lui, plusieurs modèles idéologiques se superposent. "Tout d'abord, Poutine, avec son éducation soviétique et son expérience du KGB, est un *homo sovieticus*. Dans sa vision du monde, le monde capitaliste est un ennemi. Sur cette base il a ajouté une couche de nationalisme russe impérial et conservateur issu du mouvement des Gardes blancs de l'émigration, et notamment Ivan Ilyine, qui était opposé aux eurasistes. Mais Ilyine n'est pas un penseur original. Il n'a rien prédit. D'un point de vue philosophique, il est nul. D'ailleurs Poutine n'est pas anticommuniste comme l'était Ilyine. Bref, la promotion d'Ilyine n'a qu'un rôle technique, interne : c'est une pensée primitive pour des gens primitifs[1]", les serviteurs du pouvoir. Troisième niveau, que Douguine tire de sa fréquentation des ouvrages de Parvulesco et des projets européens de Jean Thiriart, "Poutine veut réaliser une union des royaumes chrétiens européens[2]" sur un modèle prétendument proposé par le philosophe russe Vladimir Soloviev. Il s'agit d'une "utopie conservatrice[3]" selon laquelle les anciens royaumes européens, retrouvant leur identité chrétienne, s'uniraient pour "lutter contre l'Antéchrist[4]", mais "sous le contrôle stratégique de la Russie[5]". Selon Douguine, un quatrième

1. Entretien avec l'auteur.
2. *Ibid.*
3. *Ibid.*
4. *Ibid.*
5. *Ibid.*

niveau est plus essentiel. C'est l'eurasisme. En effet, "cette doctrine n'est pas une idéologie parmi d'autres. Elle hérite de la tradition slavophile, surtout des slavophiles de la deuxième génération comme Leontiev, Danilevski ou encore Dostoïevski. Mais les eurasistes sont plus cohérents que les slavophiles. Ils étudient la civilisation russe de manière plus logique et rationnelle. Surtout, l'eurasisme touche le nerf le plus profond de l'histoire russe. Il intègre ce qu'il y a de commun dans l'histoire blanche et rouge, monarchique et socialiste du pays[1]". Il réconcilie les différentes périodes de l'histoire du pays. "Aujourd'hui, l'eurasisme prend toute son actualité dans la confrontation grandissante entre l'Occident atlantiste et l'Eurasie[2]", selon Douguine. Poutine mêlerait tous ces ingrédients, sans oublier un "réalisme sur le plan international qui lui a par exemple permis d'élargir sa zone d'influence en s'emparant opportunément de la Crimée[3]". Sur le plan politique et stratégique, "Poutine entend construire un empire eurasien[4]" contre l'influence américaine. "Avant trois ans, il s'emparera d'une partie de l'Ukraine, celle qui se trouve sur la rive droite du Dniepr[5]." Quant à l'Ukraine occidentale, qui gardera Kiev pour capitale, elle ne pourra "jamais incarner un État[6]". Il ne lui restera qu'à devenir "une zone

1. *Ibid.*
2. *Ibid.*
3. *Ibid.*
4. *Ibid.*
5. *Ibid.*
6. *Ibid.*

folklorique de l'identité ukrainienne[1]", mais sans aucune indépendance politique.

Quelle est la nature exacte de l'inspiration eurasiste de Vladimir Poutine ? S'il ne fréquente pas Douguine, il connaît certainement mal les eurasistes historiques. En revanche, il s'intéresse beaucoup à un penseur que l'on considère parfois comme le chaînon manquant entre la doctrine originelle des années 1920 et ses réinterprétations actuelles, plus ou moins fidèles. Il s'agit d'une personnalité originale, aujourd'hui très connue dans tout l'espace post-soviétique, Lev Goumilev (1912-1992), fils des poètes Nikolaï Goumilev et Anna Akhmatova. Il a vécu une grande partie de sa vie à Leningrad, la ville natale de Poutine – lorsqu'il n'était pas au Goulag. Le politologue Alexandre Morozov affirme que d'après des sources sûres, Poutine a fréquenté, à la fin des années 1990, un cercle d'étude sur la pensée de Goumilev. "Il en a une connaissance assez approfondie[2]", assure Morozov. C'est d'ailleurs pratiquement le seul eurasiste qu'il cite. Et il l'évoque en effet comme une personne qu'il a connue, par exemple, en 2000, face à sa veuve Natalia : "En Russie on célèbre la mémoire de Lev Goumilev avec une chaleur particulière[3]", souligne Poutine. En 2004, il l'évoque au même endroit, dans la nouvelle capitale

1. *Ibid.*
2. Entretien avec l'auteur.
3. Intervention au cours d'une rencontre entre enseignants et étudiants de l'Université nationale eurasienne Lev-Goumilev, 10 octobre 2000, Astana.

kazakhe Astana : “les idées de Goumilev ont désormais atteint les masses” et le Kazakhstan tente “de réaliser dans la vie ce qui avait été en son temps exposé par le grand penseur russe[1]”. Poutine affirme ensuite qu’il suffit de déplier une carte pour comprendre que la Russie “se situe au centre de l’Eurasie[2]”. À la même période, il utilise la rhétorique eurasiste de Goumilev pour s’attirer les bonnes grâces de la puissante république du Tatarstan – qui appartient à la Fédération de Russie mais a des velléités d’autonomie. Selon Poutine, “toute une série d’historiens intègrent l’histoire de la Horde d’Or [tatare] à l’histoire de la Russie elle-même[3]”, avant de souligner que les Russes se battaient parfois aux côtés des Tatars et inversement. Et de citer Lev Goumilev célébrant la “grande culture de la steppe[4]” unissant des peuples divers au sein d’une même civilisation. Cette série d’hommages se poursuit, par exemple lorsque Poutine adresse ses vœux de succès à un congrès consacré, dans la ville de Saint-Pétersbourg, à “l’héritage de Lev Goumilev et le destin des peuples d’Eurasie : histoire, actualité, perspective” : “Possédant un exceptionnel talent d’analyste, le talent d’un authentique chercheur et d’un découvreur, Lev Goumilev a apporté une contribution unique au développement de la pensée scientifique nationale et mondiale[5]”.

1. Intervention lors du Forum international sur “l’intégration eurasiatique”, 18 juin 2004, Astana, Kazakhstan.

2. *Ibid.*

3. Assemblée solennelle consacrée au millénaire de Kazan, 26 août 2005, Kazan.

4. *Ibid.*

5. Adresse du président au congrès sur Goumilev, 1er octobre 2012.

Pourquoi cet intérêt pour Goumilev ? Sans doute, d'abord, parce qu'ils se sont peut-être croisés dans l'ancienne capitale impériale au début des années 1990. Ensuite, parce qu'il est assez violemment antioccidental. Dans une interview accordée en 1992, Goumilev considère que l'avenir de la Russie se trouve dans la constitution d'une "puissance eurasienne" et dans le choix des bons alliés : "Les Turcs et les Mongols peuvent être des amis sincères, mais les Anglais, les Français et les Allemands ne sont, j'en suis persuadé, que des exploiteurs machiavéliques[1]." Cette même année, Poutine commence, à Saint-Pétersbourg, son ascension vers les sommets du pouvoir. Enfin, il faut remarquer que, tout comme Leontiev et Danilevski, Goumilev se distingue des autres penseurs antioccidentaux et de certains eurasistes historiques par un scientisme revendiqué. Goumilev n'est pas aussi sûrement que ses partisans le proclament l'héritier soviétique des premiers eurasistes, le "dernier des eurasistes[2]". Il développe ce qu'il nomme une biologie déterministe des peuples. Or cette théorie ne coïncide guère avec la vision de ses aînés, qui considéraient que des peuples différents pouvaient s'unir dans une même région, et qu'il existait une interaction puissante entre géographie et vie des peuples. Ce qui intéresse Goumilev est bien plutôt ce qu'il suppose être une influence de l'énergie cosmique – provenant des êtres vivants, des minéraux, de l'activité du soleil – sur tel ou tel peuple.

1. Entretien avec Lev Goumilev, mensuel *Socium*, n° 5, 1992.
2. Voir à ce propos Marlène Laruelle, *La Quête d'une identité impériale*, Petra, 2007.

Profondément naturaliste, Goumilev croit à la génétique, pas à l'influence du milieu sur les hommes. L'idée d'une force cosmique transmise à tel ou tel peuple est à l'origine d'une notion fondamentale chez Goumilev, la *passionarité*. Et c'est précisément celle-ci que Vladimir Poutine célèbre dans un discours important. Devant l'Assemblée fédérale, au terme d'une année qui a vu, pour la première fois, une contestation importante se lever contre sa politique et sa personne, le président russe applique les idées de Goumilev à son analyse des processus mondiaux : "La concurrence pour les ressources se durcit. Et je veux vous assurer, mes chers collègues, et souligner que cette concurrence ne concerne pas uniquement les métaux, le pétrole et le gaz, mais avant toute chose les ressources humaines, l'intellect. Certains prendront la tête de cette course. Les autres resteront des *outsiders* et perdront immanquablement leur indépendance. Ils dépendront non seulement de leur potentiel économique, mais tout d'abord de la volonté de chaque nation, de son énergie intérieure – comme disait Lev Goumilev, de la *passionarité,* de la capacité à aller de l'avant et à changer[1]." Vladimir Poutine choisit la version la plus scientiste de l'idée eurasiste. Au fond, la *passionarité* du peuple russe est plus vitale à ses yeux que la coexistence égalitaire des différents peuples eurasiatiques, comme c'était le cas dans l'esprit des fondateurs. Dans cette optique, il faut également remarquer, comme le souligne Alexandre Morozov, que des termes

1. Adresse à l'Assemblée fédérale, 12 décembre 2012, Moscou, Kremlin.

nouveaux sont apparus dans la bouche du président depuis 2012 – “celui de « civilisation russe », et plus encore celui de « code civilisationnel », qui suggère que la civilisation est un organisme vivant qui possède son propre code génétique[1]”. Poutine évoque notamment “notre code historique, notre caractère national[2]”. L'historien de la philosophie Nikolaï Plotnikov confirme ce tropisme scientiste. Dans le discours de Poutine célébrant, le 18 mars 2014, l'annexion de la Crimée, “apparaît l'idée d'une supériorité non seulement culturelle, mais génétique, de l'homme russe. Il est plus résistant, etc. Cette analyse sociobiologique des peuples est un héritage de Danilevski et de Goumilev. On ne peut assimiler ce type d'idéologie au national-socialisme, car nous ne sommes pas face à une idéologie de la destruction d'autrui. En revanche, cette théorie affirme une supériorité, non seulement sociale et morale, mais génétique, des Russes sur les autres peuples[3]”.

1. Entretien avec l'auteur.
2. Réunion du présidium de Conseil pour la culture et l'art, 3 février 2014, Pskov.
3. Entretien avec l'auteur.

VII

DOSTOÏEVSKI ET BERDIAEV, LES FAUX AMIS

Il faut s'interroger sur deux cas particulièrement délicats. Deux des plus importants auteurs russes du XIXe et du XXe siècle sont régulièrement mobilisés par Poutine et par les représentants du "tournant conservateur". Il s'agit du romancier Fiodor Dostoïevski (1821-1881) et du philosophe Nicolas Berdiaev. Leurs portraits s'affichent côte à côte sur le site Internet de "la pensée politique conservatrice", L'Idée russe – qui est aussi le titre d'un ouvrage de Berdiaev. Poutine les cite tous deux. Le premier fait partie, si l'on croit ses déclarations, de son panthéon d'écrivains favoris. Poutine cite Dostoïevski avec Tolstoï, Tchekhov, Lermontov ou Mandelstam[1]. À *Paris Match*, il affirme "lire avec plaisir les classiques russes, particulièrement Dostoïevski et Tolstoï[2]". La référence à l'auteur de *Crime et Châtiment* ou de *L'Idiot* est ensuite rappelée à bon escient, mais de manière trop mécanique, trop circonstancielle, pour paraître profonde. En 2006, à

1. Conférence sur Internet, 6 mars 2001, ou entretien accordé aux médias polonais, 15 janvier 2002.
2. Entretien à *Paris Match*, 6 juin 2000.

Dresde, la ville allemande où il a travaillé pour le KGB et dont Dostoïevski a assidûment visité le musée lors de son errance européenne, le président inaugure un monument dédié au grand écrivain. Il défend alors un Dostoïevski doux et pro-européen. Il déclare : "L'un des slogans de Dostoïevski est le suivant : « La beauté sauvera le monde. » Il visait surtout l'harmonie entre les gens. Et en ce sens le geste est symbolique de la part des autorités allemandes, des autorités de Dresde. Il signifie que nous vivons dans un espace culturel européen uni[1]." Un pathos digne d'un rêveur dostoïevskien. Un peu plus tard, Poutine mobilise le romancier sur un mode plus vindicatif. S'appuyant sur le célèbre discours consacré à Pouchkine que prononça l'écrivain quelques semaines avant sa mort et sur sa "définition politico-philosophique du destin européen de la Russie[2]", il tire la conclusion suivante : "Sans la Russie, l'Europe ne sera jamais elle-même dans le monde. Tout comme la Russie, sans l'Europe, ne pourra sortir de ce qu'il appelle sa « nostalgie européenne[3] »". Bref, il en appelle à ne pas laisser la Russie hors du processus d'intégration européenne. C'est dire si l'usage de Dostoïevski est mouvant. Mais le tournant conservateur va donner un rôle neuf à l'auteur des *Frères Karamazov*. Le romancier apprécié pour sa douceur christique et sa vision œcuménique du

1. Intervention lors de l'inauguration de la statue de Fiodor Dostoïevski, 10 octobre 2006, Dresde.
2. *Ibid.*
3. "Un demi-siècle d'intégration européenne de la Russie". Article publié dans plusieurs médias européens le 25 mars 2007.

lien qui unit Europe et Russie devient ou redevient brusquement l'adversaire farouche de *l'intelligentsia* libérale, socialiste et pro-occidentale, l'auteur du roman-pamphlet antinihiliste *Les Démons*. Le 25 mai 2014, le soir même de l'élection présidentielle en Ukraine qui consacre la victoire du mouvement pro-européen, la chaîne Russie 1 diffuse, à grand renfort de publicité, les premiers épisodes d'une série de Vladimir Khotinenko, une adaptation des *Démons*. Ce cinéaste, membre du Conseil du patriarcat orthodoxe de Moscou pour la culture, envoie un message très clair aux intellectuels pro-européens de son temps : le pays ne vous aime pas. Rappelons que le roman raconte le complot de révolutionnaires sans scrupules contre le pouvoir légitime dans une ville de province. Des jeunes nihilistes cyniques et brutaux sont encouragés par des intellectuels occidentalistes ridicules. Ils finissent par assassiner un militant nationaliste orthodoxe. Les libéraux d'aujourd'hui ne s'y sont pas trompés. Sur la radio Écho de Moscou, Dimitri Bykov, écrivain, poète satirique et chroniqueur anti-Poutine, s'insurge contre cette adaptation, "crime contre le texte et le contexte". Il trouve stupide de "traiter de « démons » les intellectuels russes avides de liberté[1]". Quant aux voix antioccidentales, elles savourent cette charge contre les "libéraux" honnis. Selon Sergueï Loukianenko, auteur de littérature fantastique, "les événements ukrainiens correspondent exactement à ce qu'écrivait Dostoïevski. Il s'agit d'une situation classique de lutte contre la Russie (…). Mais les Ukrainiens font partie du peuple

1. Site de la radio Echo de Moscou.

russe[1]". Et voici Dostoïevski pleinement mobilisé à des fins idéologiques. L'un des plus célèbres écrivains russes, qui a durablement marqué la vie culturelle et philosophique nationale, qui a inspiré tous les grands penseurs russes de Soloviev à Berdiaev, est-il poutinien ?

Pour les partisans du tournant conservateur, cela ne fait aucun doute. Dostoïevski, qui a été un pro-européen socialisant dans sa jeunesse avant de vivre l'expérience du bagne et de la relégation, a critiqué les idéologies occidentales de son temps : le socialisme révolutionnaire, l'anarchisme, l'utilitarisme, le positivisme, le scientisme, qu'il voit comme des variantes d'un athéisme destructeur… Dans *Les Démons*, il a voulu démontrer la filiation existant entre les libéraux idéalistes occidentalistes des années 1840 et la génération suivante, violente et négatrice. Surtout, il s'est rapproché, dans les années 1870, des milieux les plus réactionnaires. C'est alors qu'il a publié dans son *Journal d'un écrivain*, que citent volontiers les adeptes de la Voie russe, les déclarations les plus fracassantes. Il fait l'apologie de Nicolas Danilevski, qui a eu le même itinéraire idéologique que lui, du fouriérisme à la réaction. Il vante "un excellent ouvrage, *La Russie et l'Europe*[2]", mais lui reproche son "manque de clarté et de

1. À lire sur le site de L'Idée russe à l'adresse suivante : http://politconservatism.ru/forecasts/ne-znayu-yavlyayus-li-ya-konservativnym-fantastom-no-kak-chelovek-ya-konservator/.
2. *Journal d'un écrivain*, nov. 1977, chap. III, Gallimard, "La Pléiade", p. 1271.

fermeté" concernant le "statut futur de Constantinople". Pour Dostoïevski, il aurait fallu reprendre Istanbul aux Turcs et placer la cité sous le contrôle exclusif des Russes, et non, comme le propose Danilevski, de tous les Slaves. Le romancier a une vision messianique du rôle de la Russie. Les vertus du peuple russe alliées à la force de l'Empire doivent sauver le monde. L'âme russe, la racine nationale sont sans cesse exaltées. Dostoïevski semble enfin tellement obsédé par ce qu'il perçoit comme une alliance entre l'Église catholique romaine et les forces socialistes qu'il verse dans une théorie religieuse un peu délirante. Même un partisan du tournant conservateur comme Boris Mejouev considère que Dostoïevski, fanatique de la lutte contre le catholicisme, n'influence pas, sur ce point, la politique russe actuelle, qui est loin d'allumer une guerre des religions contre Rome.

Mais ce tableau est largement incomplet. On ne peut nier que Dostoïevski ait été très proche, dans les années 1870, des doctrines les plus réactionnaires, ni qu'il ait développé une théorie religieuse pro-orthodoxe. Mais l'homme, l'intellectuel engagé et le romancier ont été bien plus que cela. Sur le plan des idées politiques et philosophiques, rappelons seulement qu'après son retour du bagne, au début des années 1860, Dostoïevski a créé un journal pour proposer une théorie alternative au mouvement slavophile et à l'occidentalisme. Il faut également rappeler que Dostoïevski change dans la seconde moitié des années 1870. Il s'intéresse de près, et parfois avec sympathie, à la nouvelle génération révolutionnaire, qui s'éloigne du nihilisme au profit d'un populisme parfois presque mystique. Sa théorie nationaliste, en outre, se révèle bien plus complexe que la théorie des "types culturels-historiques" de Danilevski. Ce dernier affirme la spécificité irréductible des types et la distance qui les sépare. Il écrit notamment dans *La Russie et l'Europe* : "Il est difficile à un Français ou à un Anglais de penser à la mode allemande, et c'est encore plus difficile pour un Slave à cause de la distance ethnographique[1]." La vision dostoïevskienne de l'homme russe est diamétralement opposée à celle de Danilevski. Selon l'auteur de *L'Adolescent*, roman dans lequel il met en scène son idéal de "Russe universel" sous les traits de l'aristocrate déraciné Versilov, "tout Français peut servir, non pas seulement sa France, mais toute l'humanité, à la condition expresse, pourtant, qu'il restera essentiellement français ; pareil pour l'Anglais et l'Allemand. Il n'y a que le Russe (…) qui a déjà acquis la capacité à devenir le plus essentiellement russe, à ce moment précis où il est essentiellement européen. Elle est bien là, notre différence nationale la plus fondamentale avec tous les autres, et, de ce point de vue, il n'y a que chez nous que ce soit comme ça. Moi, en France, je suis français, je suis allemand avec un Allemand, je suis grec avec un Grec ancien, et c'est pour ça que je suis le plus russe[2]". Bien sûr, cette faculté d'ouverture structurelle finit pour Dostoïevski par assurer la supériorité du Russe sur les Allemands ou les

1. Danilevski, *La Russie et l'Europe*, *op. cit.*, p. 420.
2. *L'Adolescent*, Actes Sud, "Babel", trad. André Markowicz, vol. 2, p. 356.

Français. Mais elle a l'avantage d'échapper à toute pseudo-science des peuples, de comporter une dimension éthique et d'être plus dialectique que la théorie de la prééminence génétique du Russe. Dostoïevski n'oublie jamais qu'il est, lui aussi, un Pétersbourgeois et un intellectuel déraciné, amoureux de la culture occidentale. Cette idée de la nation russe comme victoire de la fragilité permettrait selon le romancier de dépasser le face-à-face entre occidentalistes et slavophiles. L'universalité russe qu'il appelle de ses vœux n'a en effet été rendue possible que grâce à "l'élargissement de vue[1]" sur l'Europe inauguré par Pierre le Grand, élargissement sans exemple chez aucun peuple du monde. Les slavophiles, par leur repliement national, se rendent incapables de penser la mission universelle de la Russie. Les occidentalistes, en prenant cet élargissement pour une imitation de l'Occident, n'ont pas compris qu'elle ne faisait qu'accélérer le destin salvateur de l'idée orthodoxe russe. C'est cette vision ouverte du nationalisme que Dostoïevski défendra dans son *Discours sur Pouchkine*, appel à la construction d'un génie russe plus culturel et pacifique que politique et militaire.

Le moins que l'on puisse dire est que Dostoïevski est plus fou, plus génial et plus profond que Danilevski. Il est nationaliste, panslave et intolérant vis-à-vis des autres confessions et des autres religions, et en même temps universaliste, unanimiste, profondément

1. *Journal d'un écrivain*, 1876, chap. IV, "Une conception utopique de l'histoire", *op. cit.*, p. 587.

européen. Cette "largeur[1]" presque incompréhensible trouve évidemment son expression la plus aiguë dans ses romans. Beaucoup de lecteurs préfèrent, dans le *Journal d'un écrivain*, des morceaux impromptus de fiction comme *Bobok*, *Le Songe d'un homme ridicule* ou *La Douce*, autrement plus bouleversants que les proclamations nationalistes ou les pesantes analyses historiques du même auteur. Dostoïevski romancier fait éclater toute tentative de rendre son message définitivement idéologique. *Les Démons* ne serait pas une œuvre majeure de la littérature mondiale si elle se réduisait à une charge contre les libéraux. La réalité humaine que décrit Dostoïevski dépasse les étiquettes politiques. Derrière l'un des personnages les plus mystérieux du roman, le chef des révolutionnaires Piotr Verkhovenski, on peut voir un "nihiliste" ou un "socialiste". Mais le lecteur perçoit surtout un petit être propret, précis et méticuleux, tantôt cérémonieux, tantôt sans-gêne, un homme avide de pouvoir qui maîtrise mieux que quiconque les petits signes corporels de domination et d'humiliation. Piotr Stepanovitch pousse son talent d'acteur à jouer sa propre personne et à passer pour un type ordinaire. Il flatte, ment, manipule, ridiculise, contrôle, espionne, commande, brutalise. Si Dostoïevski l'avait mis en scène de nos jours, il en aurait peut-être fait un ancien espion devenu leader national.

1. C'est le terme qu'utilise Dimitri Karamazov pour caractériser "l'homme russe".

Le roman de Dostoïevski, enfin, est d'essence polyphonique[1]. Les opinions les plus opposées à celles que l'on prête à l'auteur ont leur chance. Les ennemis de l'État, les nihilistes, les violeurs d'enfant, les vieux bavards, les idiots universalistes y parlent autant que les autres. Parfois, Dostoïevski se prend au jeu, et c'est là qu'il est le plus impressionnant. (Jusqu'à ne plus savoir qui, dans le roman, est le plus convaincant.) Dans une lettre rédigée au moment de la composition des *Frères Karamazov*, le romancier affirme avoir voulu critiquer, dans le poème du Grand Inquisiteur, "le blasphème, [mais il] le sent et le comprend lui-même, comme le plus fort[2]". L'auteur aurait également suggéré que le héros positif du roman, le jeune chrétien Aliocha deviendrait, dans une suite prévue, un régicide. Dostoïevski est un trop immense romancier pour pouvoir être récupéré par un discours idéologique *a fortiori* par un nationalisme à prétention scientifique.

Un autre grand penseur russe fait l'objet d'un malentendu. Le 12 décembre 2013, Poutine cite Nicolas Berdiaev (1874-1948) dans son adresse au Conseil de la Fédération, au moment même où il abat ses cartes quant aux "valeurs de la famille traditionnelle, de la vie humaine authentique, comprenant la vie religieuse, d'une vie pas uniquement matérielle, mais

1. Voir Mikhaïl Bakhtine, *Problèmes de l'œuvre de Dostoïevski*, L'Âge d'homme, 1970.
2. "Lettre à Konstantin Pobedonostsev", 19 mai 1879 in *Dostoïevski. Correspondance 3*, Bartillat, 2003, p. 617.

spirituelle, les valeurs de l'humanisme et de la diversité du monde. Bien sûr, c'est une position conservatrice. Mais, en utilisant les mots de Nicolas Berdiaev, le sens du conservatisme n'est pas d'empêcher le mouvement vers l'avant et vers le haut, mais d'empêcher le mouvement vers l'arrière et vers le bas, vers l'obscurité du chaos, le retour à la situation initiale[1]". Il s'agit d'une citation tirée de *La Philosophie de l'inégalité*, ouvrage écrit en 1918 en réaction à la révolution d'octobre 1917. La cinquième "lettre" composant cet ouvrage porte comme titre "Du conservatisme" et constitue un éloge de cette notion. Boris Mejouev, l'un des idéologues du tournant conservateur, nous confie mystérieusement que "quelqu'un [au pouvoir] se sent très proche de cet ouvrage[2]".

Berdiaev est un représentant de la "renaissance religieuse" de la philosophie russe qui a eu lieu à la fin du XIXe siècle. Après Vladimir Soloviev, avec le père Serge Boulgakov, le père Paul Florenski, Simon Frank, Léon Chestov et d'autres, il invente une philosophie religieuse originale, qui n'a rien de nationaliste ni d'impérialiste. Comme plusieurs grandes figures de sa génération, il est révolutionnaire et proche du marxisme avant de s'éloigner du matérialisme et de mêler métaphysique et approche existentielle. Dans l'immigration, en Allemagne puis en France, il participe activement à la vie intellectuelle de l'entre-deux-guerres et devient célèbre en Europe. Jamais vraiment

1. Adresse à l'Assemblée fédérale, 12 décembre 2013.
2. Entretien avec l'auteur.

oublié en URSS, il est l'un des "penseurs d'avant" les plus populaires depuis la perestroïka. Le voici devenu emblème du poutinisme. Très rapidement après le discours de décembre, des conférences sur le conservatisme sont organisées pour les collaborateurs du Kremlin et les membres du parti au pouvoir Russie unie. Selon un membre de l'administration présidentielle, "le chapitre « Sur le conservatisme » doit être lu par les fonctionnaires, car ce sont justement les passages cités par Vladimir Poutine. Pour comprendre ce que le président a en vue, il est indispensable de prendre connaissance de la source initiale[1]". Cette université conservatrice pour les élites politiques connaît son apogée en mai 2014. Des "Journées Berdiaev" sont organisées pour la première fois dans la région de Moscou. L'organisateur, l'Institut des recherches socio-économiques et politiques, est proche du Kremlin. L'objectif est tranchant comme un oukase présidentiel : démontrer que le conservatisme a toutes les qualités pour orienter la politique russe, et que des grands noms comme Berdiaev le soutiennent.

Le problème est que Berdiaev n'a rien à voir avec Ilyine, Leontiev, Danilevski ou Goumilev. Le philosophe, opposé à toute réduction scientiste de l'histoire humaine, n'est pas un conservateur. *La Philosophie de l'inégalité* est un texte écrit sous le choc de la révolution bolchevique, que Berdiaev condamne avec autant de force qu'il soutenait celle de février. Quelques jours après la révolution d'octobre, il écrit un texte intitulé

1. Cité par le journal *Korrespondent*, 18 février 2014.

"Il n'y a pas eu de révolution en Russie". Il y déplore l'éruption de sauvagerie, que n'accompagne aucune régénération : "Dans l'âme des gens et dans l'âme du peuple, écrit-il, aux sources de l'énergie créatrice, rien n'a changé, rien de nouveau n'a vu le jour. Ce sont toujours les mêmes vieux instincts, les mêmes anciens sentiments. Aucun homme nouveau ne naît. Aucune âme nouvelle n'est apparue dans l'élément révolutionnaire[1]." Berdiaev est nettement opposé au nouveau pouvoir, qu'il devine enclin à mettre en place une dictature. Surtout, cet événement montre d'après lui les dangers de l'idéologie dans la vie sociale et politique : "La morale que nous enseigne la « révolution » russe est assez simple et élémentaire, quoique amère pour nous. Il est indispensable de nous séparer de certaines illusions russes – slavophilie, populisme, tolstoïsme, anarchisme sublime, messianisme révolutionnaire, etc. Il est indispensable de nous repentir et de nous réconcilier, d'accepter comme un sacrifice la vérité élémentaire de l'occidentalisme, la vérité de la culture, la dure vérité de la loi et de la norme. (…) Lorsque les Russes se libéreront de leur hypnose actuelle et se ressaisiront spirituellement, ils comprendront que toute lutte humaine dans le monde est une lutte spirituelle, une confrontation d'idées[2]." Le philosophe est donc clairement opposé au bolchevisme. Par ailleurs, il critique depuis quelques années une *intelligentsia* russe athée qui méprise les grandes interrogations

1. Nicolas Berdiaev, *La Philosophie de l'inégalité*.
2. Article publié le 19 novembre 1917 dans *Narodopravstvo* (Le pouvoir du peuple).

philosophiques au profit de l'activisme révolutionnaire. Dans sa contribution aux *Jalons*, recueil d'articles paru en 1909, Berdiaev déplore la maladie de l'élite intellectuelle russe : "L'amour d'une justice égalitaire niveleuse, du bien social, du bonheur du peuple a paralysé l'amour de la vérité, et presque anéanti l'intérêt pour la vérité[1]." Berdiaev n'a rien contre les idéaux sociaux, mais souhaite qu'ils n'interdisent pas une interrogation philosophique profonde sur le "sens de l'activité créatrice", "la destination de l'homme" (ce sont les titres de ses ouvrages), cette liberté ontologique qu'il situe au cœur de nos existences. Il souhaite non pas refouler la question sociale, mais refonder le social sur le métaphysique.

S'il défend avec *La Philosophie de l'inégalité* le conservatisme contre le chaos révolutionnaire, c'est dans un sens purement philosophique. Il précise dès le début du chapitre : "Je veux parler maintenant du conservatisme, non pas comme direction politique ni comme parti politique, mais comme un principe éternel, religieux et ontologique, de toute société humaine[2]." Il insiste sur le fait que "la nature du conservatisme est mal comprise, non seulement par ses ennemis, mais aussi par certains de ses partisans[3]", qui y voient un programme politique de puissance et non la fidélité au passé. Il s'agit pour Berdiaev, en effet, de faire l'éloge

1. *Les Jalons*, Cerf, 2011, p. 25.
2. *La Philosophie de l'inégalité (Filosofia neravenstva)*, YMCA Press, 1970, p. 88.
3. *Ibid.*, p. 92.

au tissu du temps contre les ruptures, violentes mais artificielles, de l'enracinement dans l'histoire et l'amour de la culture contre l'utopie de la table rase et de l'homme nouveau. Aucun nationalisme, nulle théorie de la supériorité de l'homme russe, aucune proclamation de "valeurs traditionnelles" contre de supposés déviants – seulement un appel à ne pas briser, dans une perspective totalitaire, l'héritage d'une culture. Beaucoup de "libéraux" d'aujourd'hui se reconnaîtraient sans difficulté dans ce programme.

Plus encore, la philosophie de Berdiaev tourne autour d'une idée centrale, celle de l'irréductible liberté, notion plus profonde, ontologique, que celle de libre arbitre. Comme il l'énonce dans *L'Esprit de Dostoïevski*, "la vérité sur la liberté est inexprimable[1]." Elle est un principe de vie, une sorte de grâce, et non un discours rationnel. Il rejette donc par principe toute tentative de contrainte sur les opinions et les actions des hommes, qui ressortit selon lui à l'esprit du Grand Inquisiteur de Dostoïevski, c'est-à-dire à l'idéologie ou à la servitude volontaire. C'est pour cette raison qu'il s'oppose souvent à l'Église officielle, porteuse d'un esprit conformiste et contradictoire avec la liberté essentielle du croyant. Ce n'est pas un hasard si des ennemis de l'alliance de l'Église et de l'État qui prévaut actuellement en Russie, citent eux aussi Berdiaev. C'est le cas de certains membres du collectif Pussy Riot qui, le 21 février 2012, ont entonné une "prière punk" dans la cathédrale du

1. N. Berdiaev, *L'Esprit de Dostoïevski*, Stock, 1974, p. 236.

Christ Sauveur à Moscou. "Marie, Mère de Dieu, est avec nous dans la protestation !", tonnent les jeunes femmes cagoulées avant d'être arrêtées. Tandis qu'elle purge sa peine en colonie pénitentiaire en Mordovie après sa condamnation, en août 2012, pour "vandalisme motivé par la haine religieuse", l'une des meneuses du groupe, Nadejda Tolokonnikova, correspond avec le philosophe néocommuniste Slavoj Žižek[1]. Dans sa lettre du 23 février 2013, elle fait longuement allusion à un philosophe qui n'est pas exactement une référence habituelle de Žižek : "Nicolas Berdiaev, dans son *Essai d'autobiographie spirituelle*, écrivait : « Il n'existe pas de vérité en tant qu'objet qui me soit imposé, en tant que réalité qui me tombe dessus du ciel. La vérité, c'est aussi un cheminement et une vie, c'est une conquête spirituelle. L'on conçoit la vérité dans la liberté et à travers la liberté… » Et encore : « Je perçois le christianisme comme une révolte contre le monde et sa loi… » Ou bien : « Parfois, une pensée cauchemardesque me traversait la tête : si l'orthodoxie servile a raison, je suis perdu, mais je rejetais rapidement cette pensée. »" "Sur ce point, continue-t-elle, il n'y a aucune différence entre le discours des Pussy Riot et celui du philosophe religieux russe. En 1898, Berdiaev fut arrêté pour sa participation au mouvement social-démocrate estudiantin et

1. Cette correspondance a été publiée à notre initiative dans le n° 74 de *Philosophie Magazine* (novembre 2013) et a été reprise, en traduction anglaise, dans un ouvrage intitulé *Comradely Greetings: The Prison Letters of Nadya and Slavoj*, Verso Books, septembre 2014.

accusé d'avoir « l'intention de saper les fondements de la monarchie et de l'Église ». Il fut exilé de Kiev pour trois ans, dans la province de Saratov. Alors, si *« l'Esprit du monde »* vous effleure, ne vous attendez pas à ce que ce soit sans douleur". Les Pussy Riot, avec leur prière dirigée contre "l'orthodoxie servile" des prélats, ont peut-être voulu être fidèles à l'injonction de Berdiaev dans un autre passage de *La Philosophie de l'inégalité*, qui appelle à "l'énergie" dans la "création religieuse[1]". Berdiaev, dans la Russie d'aujourd'hui, est devenu une référence majeure pour ceux qui contestent la politique de Vladimir Poutine. Si ce dernier le savait, il n'aurait peut-être pas tenté imprudemment une OPA sur la pensée du philosophe.

1. *Op.cit.*, YMCA Press, 1970, p. 93.

VIII

QUEL EMPIRE?

En 2007, le président nie toute vocation ou toute mission impériale de la Russie. Lorsqu'il aborde "l'idée du panslavisme", les fondements idéologiques de la Russie tsariste ("autocratie, principe national-populaire et orthodoxie", dans l'ordre cité par Poutine) et ceux de l'empire soviétique, il prétend que "la Russie d'aujourd'hui n'a pas l'intention de faire ni ce qui a été réalisé à l'époque des tsars, ni, à plus forte raison, ce qu'il y a eu à l'époque soviétique[1]". Il se veut très clair : "J'aimerais beaucoup que dans le futur aucune idée missionnaire ne s'empare de la population, ni *a fortiori* de la direction du pays." Un an plus tard, son successeur Dimitri Medvedev envahit la Géorgie, plaçant sous la protection de la Russie deux territoires ayant fait sécession de la Géorgie, l'Ossétie du Sud et l'Abkhazie – et reconnus uniquement par la Russie, le Venezuela, le Nicaragua et la république océanienne Nauru (en échange d'une aide russe de cinquante

1. Rencontre avec les participants du club Valdaï, 14 septembre 2007, Sotchi.

millions de dollars[1]). Depuis l'annexion de la Crimée en mars 2014 et la guerre en Ukraine orientale, à laquelle participent des troupes russes, la tension grandit entre la Russie et ses voisins, qui craignent de plus en plus des actions de déstabilisation, voire une agression militaire. Le président Porochenko affirme que Poutine lui aurait déclaré en septembre 2014 que "si [il] le voulait, les troupes russes pourraient arriver en deux jours, non seulement à Kiev, mais aussi à Riga, Vilnius, Tallinn, Varsovie et Bucarest[2]", dans des États membres de l'Union européenne et de l'Otan. Quelques jours plus tôt, le président américain Barack Obama tentait de rassurer les États d'Europe de l'Est membres de l'Otan et affirmait sans ambiguïtés : "La défense de Tallinn, de Riga et de Vilnius est aussi importante que la défense de Berlin, Paris et Londres." Et il ajoutait : "Vous avez perdu votre indépendance une fois, avec l'Otan, vous ne la perdrez plus jamais[3] !" Ce jeu comporte bien sûr une bonne part de bluff et de crânerie. Reste que l'atmosphère a nettement changé, et pour une seule raison. Pendant la révolte populaire du Maïdan à Kiev, en automne et en hiver 2013-2014, beaucoup d'Ukrainiens évoquaient le péril impérialiste russe. Personne, ou presque, ne les prenait au sérieux en Occident. Qui imaginait la réaction russe à la victoire des forces pro-européennes : la prise

1. Cf. *New York Times*, 15 décembre 2009, "Abhazia is recognized – by Nauru", par Ellen Barry.

2. *Süddeutsche Zeitung*, 18 septembre 2014.

3. *Le Monde*, 4 septembre 2014, Yves-Michel Riols (Tallinn, envoyé spécial).

expresse de la Crimée et l'organisation d'une guerre civile dans le Donbass et d'autres territoires d'Ukraine orientale et méridionale ? Si le pire est arrivé – cette guerre en pleine Europe, provoquant une tension entre la Russie et l'Occident que l'on croyait enterrée à jamais depuis la guerre froide – il peut, en toute logique, se répéter, voire s'étendre. L'invasion de territoires par l'armée russe, dans une guerre secrète, hybride ou ouverte, ne ressortit plus au domaine de l'impensable.

Les sources philosophiques du poutinisme, si diverses soient-elles, reposent toutes sur deux piliers : l'idée d'empire et l'apologie de la guerre. C'est le noyau commun du soviétisme, de l'impérialisme "blanc" d'Ilyine, du conservatisme de Leontiev (dans certaines de ses œuvres), du panslavisme de Danilevski, de l'eurasisme, que ce soit celui des fondateurs ou celui de Douguine, aujourd'hui. Il suffit d'écouter à ce propos un idéologue d'extrême droite très influent depuis vingt-cinq ans. Né en 1938, Alexandre Prokhanov a fondé l'hebdomadaire d'extrême droite *Den'* (Le Jour) puis, après son interdiction, *Zavtra* (Demain). Si Prokhanov est trop extrémiste pour fréquenter Poutine, il est un chroniqueur très suivi. S'il n'est pas "l'instituteur de Poutine", nous assure-t-il au cours d'un entretien, il pense que ses idées "commencent à avoir de l'effectivité[1]", notamment parmi les conseillers du président. Les événements récents semblent en effet donner raison à ses analyses et à ses

1. Entretien avec l'auteur.

prophéties, ce qui renforce encore son audience. Dans une théorie qui n'entre pas dans les détails des textes ni les nuances des doctrines philosophiques, il propose une version très vulgarisée de la tradition slavophile, que l'on peut résumer en trois mots : messianisme, impérialisme, bellicisme. D'après lui, la Voie russe a germé dès le XVe siècle "avec la théorie de « Moscou, troisième Rome », destinée à remplacer Constantinople, après sa chute, à la tête de la Chrétienté. Elle s'est cristallisée au XIXe siècle. Elle s'est encore métamorphosée après la chute de l'Empire russe[1]". Quatre empires se sont succédé : la Russie de Kiev et de Novgorod, la Moscovie, les Romanov, l'empire soviétique. "Aujourd'hui émerge un cinquième empire[2]", affirme Prokhanov. D'après lui, sa constitution repose en trois axiomes. Suivant le premier, "la Russie est par nature un empire dont les frontières respirent[3]", ce qui justifie les annexions. "Si Poutine n'a pas encore prononcé le terme d'empire, il est en train de commencer à le réaliser. Cela a commencé avec la guerre contre la Géorgie de 2008. Les événements en Ukraine et en Crimée en sont la continuation[4]." Selon le deuxième axiome, "la Russie a toujours obéi à l'idée d'une justice divine[5]". "Il y a un messianisme russe, et du coup une opposition non seulement stratégique, mais spirituelle entre

1. *Ibid.*
2. *Ibid.*
3. *Ibid.*
4. *Ibid.*
5. *Ibid.*

l'Orient et l'Occident[1]", affirme-t-il. Enfin, troisième axiome, les "valeurs conservatrices mises en avant par Poutine, sur l'individu, la famille, le rapport à la nature, s'opposent de front au modernisme occidental. La Russie est théocentriste alors que l'Occident est anthropocentriste[2]". Bref, "Poutine restaure, en lui rendant sa forme impériale originelle, l'État russe disparu après la chute de l'URSS[3]". Ce qui se passe en Ukraine est parfaitement logique et la réaction russe est légitime : "La Russie aide les Russes et russophones de l'Ukraine comme l'Occident aidait les révolutionnaires du Maïdan : avec de l'argent et tout un arsenal de moyens. Nous imitons les Occidentaux[4]." Et demain ? "La confrontation avec l'Occident va se poursuivre et s'aggraver. La Russie va se tourner de plus en plus vers la Chine et l'Inde afin de construire un front antioccidental. Deux camps ennemis se forment et nous allons vers une nouvelle guerre mondiale. C'est Dieu qui en décidera[5]", conclut-il.

Reste à comprendre la forme que prendrait ce nouvel empire. Là encore, l'étude des sources philosophiques et idéologiques aide à distinguer des scénarios possibles. Le premier modèle qui vient à l'esprit est celui de l'Union soviétique, qu'a connue, aimée et servie Vladimir Poutine pendant quarante ans de sa

---

1. *Ibid.*
2. *Ibid.*
3. *Ibid.*
4. *Ibid.*
5. *Ibid.*

vie. Comme une grande partie de ses concitoyens, il regrette certainement une époque où l'on circulait sans difficulté, entre Moscou, Tallinn, Lviv, Tbilissi ou Tachkent, dans les mêmes trains et les mêmes avions, sans passages de frontières, avec la même monnaie, la même langue de communication, les mêmes voitures, dans un pays où tout le monde regardait les mêmes films, avait les mêmes rituels, des références partagées, parfois même un idéal… Malgré l'oppression idéologique[1], le double langage, la censure, les grandes difficultés pour voyager, l'absence de liberté, les répressions, les camps et les hôpitaux psychiatriques pour les dissidents, la vie soviétique a été idéalisée par une partie de la population[2]. Comme aucun travail de mémoire n'a été réalisé sur le passé soviétique, comme les dissidents emprisonnés ont été libérés à la sauvette en 1985 et ont pratiquement disparu de la scène politique ensuite, les difficultés socio-économiques des années 1990 et la restauration officieuse de l'URSS

1. On peut se référer, à ce sujet, aux pages très fortes du philosophe géorgien Merab Mamardachvili dans *La Pensée empêchée*, un livre d'entretiens avec Annie Epelboin, L'Aube, 1991. Selon Mamardachvili "le langage totalitaire et la société totalitaire créent un langage qui exclut le réveil (…). Tu peux (…) mourir sans jamais découvrir ce qu'était réellement *ton* sentiment". La pensée par soi-même est remplacée par le "pensé-à-ta-place, pour toi". C'est la totalité de l'être qui est ainsi confisquée. Mamardachvili se souvient : "quand j'étais jeune, pour moi les gens du Komsomol étaient les gérants du corps social, et du mien aussi bien : ils géraient mon corps". Cet assassinat de la pensée a fait advenir ce qu'il appelle une "vie d'outre-tombe" dans "une forêt de cadavres debout".

2. Cf. Svetlana Alexievitch, *La Fin de l'homme rouge*, *op. cit.*

sous Poutine ont produit de la nostalgie. Outre les facilités d'une vie en vase clos, la puissance, largement surestimée, de l'Union soviétique, célébrée *ad nauseam*, est également regrettée. La perte de l'Europe de l'Est, le retour piteux des militaires russes dans des casernes délabrées, l'effondrement des services de l'État, la crise permanente, le désordre ont humilié ceux qui avaient été élevés dans une image collective d'eux-mêmes proche de la mégalomanie.

La création de l'Union eurasiatique donne bien sûr l'impression d'un retour à l'empire soviétique, surtout si le rouble en devient la monnaie commune. Mais dans les scénarios les plus optimistes, il est très douteux que les pays baltes, la Géorgie, certains pays d'Asie centrale, sans parler du "morceau" le plus important, l'Ukraine, participent à ce *revival*. La station de métro Kievskaya, la gare de Riga ou le restaurant Ouzbékistan, à Moscou demeureront pour longtemps des signifiants qui ont perdu leurs référents. En effet, le ciment de cet empire multiethnique et multiconfessionnel consistait en une idéologique moderniste et unificatrice : le communisme marxiste-léniniste. De Riga à Achkhabad, d'Erevan à Kichinev, on travaillait à la naissance d'une société sans classes, débarrassée de l'aliénation religieuse, unie dans la dévotion à une histoire commune, celle de la révolution et de ses héros. Sans une telle idéologie unificatrice, la renaissance d'un empire rouge n'est pas envisageable. Et il est douteux que l'eurasisme, doctrine plurielle, complexe, moins mobilisatrice, parvienne à la remplacer. Même si l'idée communiste séduit beaucoup de jeunes dans l'ancien empire soviétique, le retour au pouvoir des communistes sous une forme traditionnelle n'est certainement pas pour demain. Le puissant vecteur de l'émancipation modernisatrice et socialiste a cédé la place à la promotion des identités. Nous avons basculé dans un nouveau paradigme mondial. En Russie, seuls les éléments compatibles avec la nouvelle idéologie identitaire seront conservés : Staline, considéré comme une figure du patriotisme, préféré à Lénine, marxiste internationaliste ; la victoire lors de la Seconde Guerre mondiale ; l'exaltation de la grandeur nationale ; le patriotisme, l'héroïsme, l'esprit sacrificiel ; l'académisme culturel ; le conservatisme des mœurs. Mais pas le matérialisme dialectique ni le matérialisme historique.

Quels seraient, alors, les principes directeurs d'un nouvel empire ? Nicolas Danilevski promeut le panslavisme. Si le souvenir des élans panslavistes lors des guerres yougoslaves n'est pas totalement effacé – notamment dans l'esprit de Poutine qui ne peut pardonner à l'Occident la guerre du Kosovo en 1999 – on voit mal les Tchèques ou les Polonais participer de plein gré à un empire dirigé par la Russie. Un maillon traditionnel de la politique panslaviste russe, que Poutine semble réactiver aujourd'hui, est la Bulgarie. Membre de l'Otan depuis 2004 et de l'Union européenne depuis 2007, ce pays longtemps "protégé" par le grand frère russe subit des pressions très fortes depuis la crise ukrainienne. Dépendante de la Russie dans les domaines énergétiques, la Bulgarie est prise entre deux feux. Son intention de se débarrasser de ses avions militaires soviétiques a récemment provoqué des échanges rudes entre les deux pays. Si une renaissance du panslavisme devait s'effectuer, elle débuterait certainement par une déstabilisation de la Bulgarie. La population y est en effet toujours divisée entre pro-européens et pro-russes.

Si le panslavisme n'est pas une option très réaliste, pourquoi ne pas placer l'empire sous le signe de la confession orthodoxe ? Ceci permettrait d'écarter *a priori* la Pologne catholique et les autres peuples non majoritairement orthodoxes (République tchèque, pays baltes, Slovaquie...) de la liste, de se concentrer sur des peuples plus proches culturellement comme les Serbes, les Bulgares, les Biélorusses, les Ukrainiens, de séduire les Géorgiens – avec la sympathie des Grecs et des Roumains... Pour Poutine, "l'orthodoxie unit parfois des personnes de nationalités très différentes[1]" et "la signification de l'Église déborde le cadre des frontières de la Fédération de Russie actuelle[2]". Elle unit notamment "les peuples d'Ukraine, de Russie et de Biélorussie dans des racines historiques, morales et spirituelles communes[3]". Le grand avantage d'un empire orthodoxe serait de disposer d'une idéologie puissante. Depuis son arrivée au pouvoir en 2000, Vladimir Poutine, en coordination avec le patriarcat de Moscou, a largement instrumentalisé le christianisme

1. Entretien à l'occasion du film *Le Deuxième Baptême de la Russie*, 23 juillet 2013.
2. *Ibid.*
3. *Ibid.*

orthodoxe, historiquement hostile au nationalisme. Il en a fait, avant de l'abandonner aujourd'hui, son bras armé idéologique. Les expositions de reliques ameutent les foules. Le conformisme religieux est puissant. Il est parfois mal vu de se dire libre penseur en Russie aujourd'hui. On punit avec sévérité toute manifestation artistique qui peut être perçue comme transgressive vis-à-vis de la religion. L'Église orthodoxe russe dépendant du patriarcat de Moscou est aujourd'hui activement légitimiste et conservatrice, très présente dans les médias pour diffuser des messages conservateurs et parfois réactionnaires.

Nous nous sommes entretenus avec le plus médiatique des représentants du patriarcat, le père Vsevolod Chaplin, qui préside le département pour les rapports entre l'Église et la société. Il est coutumier des déclarations fracassantes. Il a appelé à la création de "milices orthodoxes[1]", a critiqué la "russophobie" des intellectuels[2]. Il a prié "la femme russe" de s'habiller correctement, expliquant que "si elle porte une minijupe, elle peut provoquer non seulement un Caucasien, mais un Russe. Si elle est saoule, elle le provoquera d'autant plus. Et si elle cherche par-dessus le marché activement le contact avec les gens, et si elle s'étonne ensuite que ce contact se termine par un viol, elle a d'autant plus tort[3]". Il se veut également très actif contre le "lobby pédophile" et propose d'interdire

1. Lenta.ru, 20 novembre 2008.
2. Agence Interfax, 5 mai 2011.
3. Interfax, 17 décembre 2010.

Lolita de Nabokov[1]. Il milite pour un “modèle chrétien” alternatif à l’Occident sécularisé et libéral. Selon lui, l’Ouest vit dans des “pseudo-démocraties” dans lesquelles les élites médiatiques ont imposé leurs choix d’une économie ultralibérale et du refus des valeurs de la famille.

Il nous explique “qu’après les années 1990, où on refusait tout ce qui avait trait au passé, notamment le collectivisme soviétique, on revient à des idéaux orthodoxes comme la communauté spirituelle (la *« sobornost’ »*, concept central de la pensée slavophile), la propriété collective, le refus du matérialisme, le droit conçu dans un sens religieux[2]”. Malheureusement, déplore-t-il, cela n’est pas encore mis en place politiquement. Mais le patriarcat y travaille apparemment. Selon Vsevolod Chaplin, “la Russie peut élaborer sa propre voie économique, différente de ce qu’a construit l’Occident depuis deux siècles : une économie libérée du diktat de la finance, du prêt à intérêt, fondée sur l’autosuffisance, conforme à des idéaux chrétiens[3]”. Au fond, il s’agit, en réhabilitant les idéaux communistes, de promouvoir dans tous les domaines une “civilisation chrétienne[4]” plus large qu’une simple entité nationale. Elle pourrait, d’après lui, “s’incarner partout[5]”.

1. Lenta.ru, 27 septembre 2011.
2. Entretien avec l’auteur.
3. *Ibid.*
4. *Ibid.*
5. *Ibid.*

Un empire orthodoxe ou chrétien est-il pour autant possible ? Difficilement. Tout d'abord, la Russie est un ensemble multiconfessionnel. En rêvant d'un empire fondé sur des principes religieux, Vladimir Poutine s'aliénerait toutes les populations musulmanes du pays – sans parler des bouddhistes et des adeptes du chamanisme. Il utilise la corde religieuse pour s'assurer le soutien de la majorité orthodoxe du pays, pour flatter au besoin les Grecs ou les Serbes. Quant aux Arméniens, ils sont nombreux à reconnaître à la Russie le rôle traditionnel de protecteur face aux pays turcophones musulmans. Bref, l'orthodoxie n'est qu'une carte parmi d'autres.

Vladimir Poutine peut-il alors édifier l'empire de tous les Russes dispersés dans les anciennes républiques soviétiques ? Il a toujours justifié la "catastrophe géopolitique" de la chute de l'URSS par le motif humanitaire de la séparation de nombreuses populations russes hors de leur patrie, dans des républiques parfois hostiles. Dans ses déclarations, il rappelle régulièrement que "la situation de nos compatriotes ne nous est pas indifférente[1]", que ce soit en Ukraine, en Asie centrale ou encore "dans les États baltes, où il existe jusqu'à présent une notion absolument non civilisée de « non-citoyens » (...) privés de droits et de liberté[2]". C'est pour défendre "les Russes d'Ukraine" des attaques de la "junte fasciste de Kiev" que les forces russes participent à la guerre en Ukraine orientale et méridionale.

1. Conférence de presse, 19 décembre 2013, Moscou.
2. *Ibid.*

Autre vecteur d'un empire possible, les russophones (qui ne sont pas tous ethniquement russes). Nous verrons plus loin qu'ils justifient une politique d'influence dans de nombreux pays du monde. Ils pourraient également devenir un facteur d'unité impériale. En 2002, Poutine affirmait déjà que "l'écrasante majorité des citoyens des pays de la CEI [Communauté des États indépendants, groupement de dix anciennes républiques soviétiques créé à la chute de l'URSS] considèrent la langue russe pratiquement comme leur deuxième langue maternelle. C'est-à-dire que nous n'avons aucune barrière linguistique[1]". Et même si, plus de vingt ans après la disparition de l'URSS, l'usage du russe recule, notamment chez les plus jeunes, cette langue demeure pour le président un "pont[2]" entre différents États "historiquement liés[3]" comme par exemple la Russie et le Turkménistan. Mais là encore, le principe ethnique ou linguistique ne suffit pas à définir un principe impérial unique cohérent. L'ancien conseiller économique de Poutine Andreï Illarionov souligne que "par exemple l'Ossétie du Sud et l'Abkhazie ne sont pas des terres russes. De même que la Géorgie et l'Arménie, sur lesquelles la Russie tente de mettre la main en distribuant à ceux qui en font la demande des passeports de la Fédération de Russie, multipliant ainsi le nombre de citoyens russes

---

1. Entretien accordé à l'agence d'information chinoise Chine nouvelle et à la télévision CCTV, 27 novembre 2002, Moscou.
2. Cérémonie pour la première pierre de la nouvelle école russo-turkmène Pouchkine à Achkhabad, 11 mai 2007.
3. *Ibid.*

dans ces pays[1]". Les premiers pas vers un nouvel empire, effectués lors de la guerre russo-géorgienne de 2008, n'avaient rien à voir avec le russe (ni avec l'orthodoxie d'ailleurs). Selon Illarionov, "les facteurs nationaux ou religieux ont un caractère secondaire dans cette politique impériale[2]".

Le projet le plus idéologiquement consistant semble être celui de l'Union eurasiatique, qui est en voie de constitution et qui dispose d'une base philosophique solide. L'idée d'un empire eurasiatique a plusieurs avantages : celui d'accepter en son sein des peuples, des langues, des religions différentes, d'être non nationaliste par essence ; celui de matérialiser le "tournant asiatique" de la politique russe, c'est-à-dire le refus de l'Occident et la volonté de s'allier avec la Chine. Dernier atout : la notion d'Eurasie est suffisamment discutée, donc floue, pour autoriser tous les aménagements nécessaires, comme y inclure un jour la Bulgarie ou "redescendre" un jour vers l'Afghanistan. Poutine évoque "l'immense territoire de l'Eurasie de la Baltique et des Carpates jusqu'à l'océan Pacifique[3]". L'Eurasie est une notion plastique, qui permet de jouer entre la géographie d'un espace objectif et des théories différentes. Bref, politiquement, c'est le concept *ad hoc*. Poutine pense à cette Union économique eurasiatique et à

1. Entretien avec l'auteur.
2. *Ibid.*
3. Intervention lors d'une rencontre avec les enseignants et les étudiants de l'Université nationale eurasienne Nicolas-Goumilev, 10 octobre 2000, Astana.

"une union civilisationnelle eurasiatique[1]" dès son arrivée à la présidence. Il ne voit dans cette polarité orientale aucune contradiction avec l'affirmation des "valeurs chrétiennes" traditionnelles et considère même que la Russie unit les deux civilisations. "La Russie est un pays original, explique-t-il, car une partie de son territoire se trouve en Asie, et une partie importante en Europe. Aux fondements de la culture russe, il y a d'abord les valeurs chrétiennes. Dans ce sens-là, la Russie est un pays européen. Mais quinze millions de musulmans vivent dans le pays, et une grande partie du territoire se trouve en Asie. Nous avons donc aussi nos intérêts en Asie[2]." Poutine voit son pays comme le pivot de l'Eurasie – champion d'une Europe chrétienne qui aurait oublié ses racines à l'Ouest, centre de gravité de l'Asie à l'Est. La Russie doit constituer le guide de l'Eurasie pour une autre raison que sa position géographique. En tant que vaste pays multiethnique, elle représente en soi une Eurasie en miniature. Poutine déclare ainsi que "la Russie, comme pays eurasiatique, est un exemple unique où le dialogue des cultures et des civilisations est pratiquement devenu une tradition dans la vie de l'État et de la société[3]". La Russie, symbole vivant de l'harmonie des différences, mérite de ce fait un rôle matriciel dans la constitution de la future superpuissance. Ce

1. *Ibid.*
2. 17 septembre 2007, rencontre avec les participants du club Valdaï, Sotchi.
3. Intervention lors de la réunion du Conseil pour la culture et l'art, 25 novembre 2003, Moscou.

modèle métaphysique de diversité dans l'unité, longuement explorée dans la philosophie russe de la fin du XIXe siècle, s'oppose nettement, dans l'esprit de Poutine, à l'homogénéité culturelle, linguistique, politique anglo-saxonne. L'Eurasie, à terme, doit remplacer les États-Unis dans le rôle de *leader* mondial.

Poutine oublie un élément : la Chine, considérée par Washington comme son véritable concurrent politique. Le président russe la courtise. Dès 2000, il affirme que "la Chine est pour nous un partenaire stratégique dans tous les sens du terme[1]". Alors qu'il se situe encore dans sa période officiellement pro-européenne, il nuance son propos lorsqu'il s'adresse aux Chinois : "La Russie est un État européen et asiatique. Nous rendons son dû au pragmatisme européen et à la sagesse orientale. C'est pourquoi la politique étrangère de la Russie sera équilibrée[2]." "La Russie prendra toujours appui sur ses deux piliers, l'européen et l'asiatique[3]." Depuis 2012, à mesure que Poutine s'éloigne de l'Europe, le tournant prochinois est beaucoup plus marqué. Le président chinois Xi Jinping soigne d'ailleurs son homologue russe. Il lui a réservé sa première visite à l'étranger en mars 2013. Insistant sur "l'importance particulière" des relations

1. Réponses aux questions des journalistes russes, 5 juillet 2000, Douchanbé, Tadjikistan.
2. Entretien accordé au quotidien chinois *Renmin Ribao*, à l'agence d'information Chine nouvelle et à la chaîne de télévision RTR, 16 juin 2000.
3. *Ibid.*

russo-chinoises et "l'atmosphère amicale" de cette "visite historique", les protagonistes de cette rencontre ont adressé un signe à la communauté internationale. La Chine n'est pas seulement le premier partenaire commercial de la Russie. Ces deux membres permanents du Conseil de sécurité partagent une vision du monde : réaffirmation du principe de souveraineté nationale (que ce soit en Syrie, au Tibet, en Tchétchénie ou ailleurs), défiance à l'endroit d'une Europe en crise, volonté de contrer la domination américaine, attitude critique vis-à-vis des valeurs démocratiques… La Russie, depuis l'entrée en vigueur des sanctions occidentales en 2014, veut encore renforcer les relations économiques avec la Chine et rêve d'un pôle alternatif à l'Occident. La doctrine eurasiste pourrait servir de base idéologique. Mais il est fort douteux que la Chine accepte de s'arrimer à une Union eurasiatique dirigée par la Russie, ou même qu'elle accepte de diriger à ses côtés un empire eurasiatique. Le rêve oriental de Poutine risque de se heurter à l'affirmation de plus en plus décomplexée de la puissance chinoise.

Poutine, au fond, pratique un impérialisme à la carte. Il invoque la nostalgie de l'URSS, des principes religieux communs, la russité, la langue russe, le projet eurasiatique suivant les circonstances… Le seul fonds commun à toutes les velléités impérialistes du président est l'économie de marché. Selon l'économiste Andreï Illarionov, "Poutine ne veut ni d'un empire rouge, ni d'un empire monarchique et patriarcal, ni d'un empire eurasiatique. Sa vision est de construire un système impérial efficace, moderne et contemporain, fondé sur l'économie de marché[1]", dans une vision proche de celle du politicien libéral Egor Gaïdar, disparu en 2009 et héraut d'un empire libéral. Le politologue Alexandre Morozov n'est pas loin de partager le point de vue d'Andreï Illarionov. Selon lui, Poutine ambitionne de "mettre sur pied une puissante union économique qui prendra le caractère d'une confédération d'États, avec pour but de faire concurrence aux grandes puissances économiques du monde. La philosophie fondamentale de Poutine demeure économico-centriste. Il veut gagner des ressources pour participer au capitalisme mondial avec de nouvelles forces. Mais il ne propose pas de doctrine alternative par rapport au capitalisme financier global. Il ne veut pas le détruire ni proposer autre chose[2]". N'en déplaise au patriarcat de Moscou, c'est donc un empire fondé sur l'extension du rouble que Poutine tente de mettre en place à marche forcée. Mais cet ensemble sera évidemment dominé par Moscou.

Selon l'historien de la philosophie Nikolaï Plotnikov, par ailleurs, il n'existe pas de réel tournant vers l'Asie. "L'Union eurasiatique est une réplique de l'Union européenne, rien de plus. Le sentiment régnant est que la Russie est un pays européen, mais qu'il est toujours possible de fermer la fenêtre sur l'Europe et de partir pour un temps vers l'Asie[3]." D'après lui, le modèle de Poutine serait plutôt l'Empire britannique

1. Entretien avec l'auteur.
2. *Ibid.*
3. Entretien avec l'auteur.

de la fin du XIXe et du début du XXe siècle. C'est d'ailleurs, poursuit-il, le modèle défendu par Ilyine et par un autre philosophe russe de cette époque, Piotr Struve : "Un pouvoir fort doit accompagner l'expansion économique dans un empire qui s'élargit. D'un côté, dans ce modèle, le pouvoir doit être organisé par le droit. Mais de l'autre il s'assume expansionniste[1]." Bref, l'impérialisme de Poutine, s'il vise réellement à la conquête de nouvelles terres, n'est pas archaïsant, nostalgique, utopique : il s'intègre, discrètement mais pleinement, dans l'économie de marché.

Cet impérialisme a débuté en 2008 et s'est affirmé en 2014. Quels seront les prochains pas? L'annexion de la Crimée et la guerre en Ukraine sont la suite logique de l'échec d'un impérialisme de persuasion. L'Ukraine est considérée par les philosophes russes préférés de Poutine comme un enjeu majeur. Kiev est pour les slavophiles la source inaliénable de la Russie orthodoxe. Danilevski considère les Ukrainiens comme les premiers des "frères slaves". Ilyine affirme que "les Européens (...) rêvent de pousser la Russie vers l'Asie et de lui prendre ses terres européennes proches, notamment l'Ukraine. Et il tranche : "L'Ukraine devra choisir entre la Pologne et la Russie[2]." Les eurasistes considèrent quant à eux qu'il est absurde de vouloir détacher l'Ukraine de la Russie[3]. Tous ces arguments se retrouvent dans les

1. *Ibid.*
2. *Nachi zadatchi*, t. I, p. 125 *(Nos missions)*.
3. Cf. Marlène Laruelle, *L'Idéologie eurasiste russe*, *op. cit.*, p. 16 : "Les eurasistes dénient aux Ukrainiens le droit à

propos de Poutine, une litanie de déclarations d'amour parfois un peu étouffantes. Car ce voisin peuplé, vaste, industrialisé, à l'agriculture prospère, est un sujet d'inquiétude constant pour les dirigeants russes depuis son indépendance en 1991 et surtout depuis la révolution Orange de 2004. Après avoir réussi à ramener le pays dans le giron russe en 2010 avec l'élection de Viktor Ianoukovitch à la présidence du pays, voici que le pays glisse à nouveau à l'Ouest avec la décision de participer à un partenariat avec l'Union européenne. Le discours de Poutine est donc toujours enjôleur mais insistant : "Nos racines se situent dans la Russie kiévienne. Notre fraternité n'est pas une légende, mais un fait historique[1]", clame-t-il dès 2001. Son vocabulaire quant aux relations entre la Russie et l'Ukraine ondoie de manière très significative entre le pôle de la proximité et celui de l'union. Il évoque le "désir simple et naturel d'être côte à côte, d'être ensemble, de se sentir en coude à coude[2]". Du coup, dans l'esprit de Poutine, ce sont les frontières entre les deux États qui se brouillent, comme s'il ne pouvait admettre la réelle séparation post-soviétique et la capacité des Ukrainiens de se détacher de Moscou. Il s'adresse aux gens "dont l'activité efface toutes les frontières, parce que l'espace

---

l'autodétermination : dans un discours naturaliste il est hors de propos d'envisager semblable question (demande-t-on aux baleines de s'autodéterminer pour savoir si elles sont des mammifères ou des poissons ?)."

1. Intervention lors d'une réception à l'occasion du 10e anniversaire de l'indépendance de l'Ukraine, 23 août 2001, Kiev.

2. Intervention à la cérémonie d'ouverture de l'année de la Russie en Ukraine, 27 janvier 2003, Kiev.

culturel ne possède pas de frontières. Particulièrement entre des pays comme la Russie et l'Ukraine[1]". Au fond, il refuse de pures relations politiques, d'État indépendant à État indépendant, entre la Russie et l'Ukraine. Il le dit clairement la même année : "Les relations entre la Russie et l'Ukraine sont uniques. Une histoire commune nous lie. Une grande quantité de citoyens d'Ukraine lient pour une grande part leur destin à celui de la Russie, et beaucoup de citoyens russes lient leur destin personnel et celui de leurs proches, avec l'Ukraine. Cela s'est fait ainsi. C'est pourquoi nous devons édifier nos relations avec des ressources non standards, des moyens non standards[2]." C'est pour cette raison que la réaction de la Russie à la volonté d'une majorité d'Ukrainiens de lier leur destin à l'Union européenne, en 2013-2014, est également non standard, avec l'envoi de "petits hommes verts" en Crimée, c'est-à-dire des soldats sans insignes, ou des troupes clandestines dans le Donbass et les côtes méridionales.

La révolution Orange de 2004, qui fait triompher les forces pro-occidentales, est interprétée par Poutine comme "une tentative d'isoler la Fédération de Russie[3]", alors que celle-ci "n'a l'intention d'annexer personne[4]". Après son retour à la présidence en 2012,

1. Intervention lors d'une cérémonie de remise de médailles aux acteurs de la culture, 28 janvier 2003, Kiev.
2. Conférence de presse commune avec le président ukrainien Leonid Koutchma, 4 mai 2003, Yalta.
3. Conférence de presse pour les journalistes russes et étrangers, 23 décembre 2004.
4. *Ibid.*

Vladimir Poutine ne ménage pas ses efforts pour inviter l'Ukraine dans l'Union eurasiatique. Il essaie de convaincre Viktor Ianoukovitch de l'importance, pour l'économie ukrainienne, de ce choix : "C'est toujours le choix de tout État de s'associer ou non à une quelconque organisation. Mais il faut avoir en vue le niveau approfondi de coopération, que nous connaissons tous deux, et que vous venez d'énumérer : c'est l'énergie atomique, c'est l'énergie en général, c'est la construction aéronautique, c'est le cosmos, c'est la construction navale, peut-être d'autres industries-clés[1]", sans compter l'accès à un immense marché. Mais Poutine est bien obligé d'admettre, fin décembre 2012, que l'Ukraine traîne les pieds : "Nous devons recevoir un document officiel de la part de l'Ukraine en vue de son adhésion à l'Union douanière. Nous ne l'avons pas reçu[2]." En mars, Poutine se heurte toujours à l'indécision de Viktor Ianoukovitch et doit continuer de plaider sa cause : "Du point de vue socio-économique, aujourd'hui, il me semble qu'il n'y aucun expert sérieux, en Ukraine ou en Russie, qui ne considère pas que pour l'Ukraine ce serait un processus exclusivement positif[3]." Durant l'été 2013, juste avant la visite du patriarche orthodoxe de Moscou à Kiev pour célébrer le 1 025e anniversaire de ce qu'on appelle le "baptême de la Russie" sous le prince Vladimir en 987, il invoque

1. Rencontre avec le président ukrainien Viktor Ianoukovitch, 22 octobre 2012, région de Moscou, Novo-Ogarevo.
2. Conférence de presse, 20 décembre 2012, Moscou.
3. Rencontre avec le président ukrainien Viktor Ianoukovitch, 4 mars 2013, région de Tver, Zavidovo.

l'histoire et la religion : "La conversion au christianisme a décidé du destin et du choix civilisationnel de la Russie[1]." Deux jours plus tard, à Kiev, il évoque "notre unité spirituelle[2]". Le lien avec l'Ukraine serait indestructible et un départ de celle-ci vers l'Europe couperait la Russie d'une partie d'elle-même. En désespoir de cause, voyant que ni les arguments pragmatiques ni les allusions historiques ne sont entendus, il passe franchement au vocabulaire de l'unité : "L'Ukraine est, sans aucun doute, un État indépendant. (...) Mais nous n'oublions pas que l'État russe actuel a des racines liées au Dniepr. Comme on dit, nous avons les mêmes fonts baptismaux dans le Dniepr. La Russie kiévienne est à l'origine de l'immense État russe. Nous avons une tradition commune, une mentalité commune, une histoire commune, une culture commune. Nos langues sont très proches. En ce sens, je veux le répéter encore, nous sommes un seul peuple[3]." C'est dit : toute tentative de prise de distance serait interprétée par Poutine comme un crime contre l'histoire russe et un déchirement intime. Le message est entendu : le 21 novembre suivant, le président Ianoukovitch suspend les négociations pour la signature d'un partenariat avec l'Union européenne, qui devait avoir lieu une semaine plus tard. Cette décision

1. Rencontre avec les représentants des Églises orthodoxes locales, 25 juillet 2013, Moscou, Kremlin.
2. Rencontre avec le président ukrainien Viktor Ianoukovitch, 27 juillet 2013, Kiev.
3. Réunion du club de discussion international Valdaï, 19 septembre 2013, région de Novgorod.

inopinée lance le mouvement du Maïdan, qui aboutira à la violence contre les manifestants et à la fuite en Russie du président ukrainien à la fin de février 2014. Vladimir Poutine n'y pourra rien. Mais sa réaction, en Crimée puis en Ukraine orientale et méridionale, inscrit dans l'histoire l'idéologie impérialiste qu'il mûrit depuis des années.

Il a donné un nom à son action en Ukraine : le projet Novorossia. En avril, une fois la question de la Crimée réglée, évoquant "les droits et les intérêts des citoyens russes et russophones du sud-est de la Russie", il "rappelle, en utilisant la terminologie du temps des tsars, qu'il s'agit de la Novorossia : Kharkov, Donetsk, Nikolaïev, Odessa ne faisaient pas partie de l'Ukraine à l'époque des tsars. Ce sont des territoires qui ont été transmis à l'Ukraine dans les années 1920 par le pouvoir soviétique. Pourquoi ils ont fait ça, Dieu seul le sait". Il faudrait donc les récupérer, suggère le président russe[1]. Poutine reprend un terme créé au moment où l'empire russe colonisait la partie méridionale de l'Ukraine. Du milieu du XVIIIe siècle aux années 1830 à peu près, plusieurs villes furent fondées, comme Ekaterinoslav (l'actuel Dniepropetrovsk), Kherson, Marioupol, Odessa, etc. Outre les combats dans le bassin du Donbass, le plan Novorossia projette de relier la Russie à la Transnistrie, en Moldavie, région occupée par des pro-russes depuis la fin de l'URSS, ce qui permettrait au passage de désenclaver

1. Emission *Ligne directe avec Vladimir Poutine*, 17 avril 2014, Moscou.

la péninsule de Crimée. Il faudrait pour cela occuper toute la partie méridionale de l'Ukraine, prendre Marioupol d'un côté, Odessa de l'autre. Les théoriciens de la Novorossia, idéologues nationalistes, intellectuels orthodoxes et historiens donnent donc un sens original au terme de Novorossia. La nouveauté d'une région russe au sud et à l'ouest de l'Ukraine, ce serait à leurs yeux un pays véritablement démocratique, débarrassé de la corruption qui gangrène la "vieille Russie", mais bénéficiant des ressources du grand frère. Ils rêvent d'une Russie qui se régénérerait à partir de ses nouveaux territoires occidentaux. L'historien Kirill Lipatov, rencontré à Odessa et qui connaît personnellement plusieurs théoriciens de la Novorossia, est très sceptique. D'après lui, "dans ce type de régions protégées par les troupes russes mais sans statut officiel ni stabilité institutionnelle, en Transnistrie voisine (en Moldavie), en Ossétie du Sud ou en Abkhazie (en Géorgie), le milieu criminel prend immédiatement le pouvoir[1]". Sa conclusion est désabusée : "Si le projet Novorossia se réalise nous aurons bientôt une nouvelle zone criminelle de trafics d'armes, de drogues, etc. Ce sera un sarcome sur le corps de l'Europe : un pays sans droit, pauvre, isolé, à peine aidé par la Russie. Que pourra-t-on en faire? Personne ne le sait. Et nous filons à toute vapeur vers cette situation[2]."

1. Entretien avec l'auteur.
2. *Ibid.*

Si la politique de Vladimir Poutine est par principe imprévisible, quelles pourraient être les prochaines cibles de son impérialisme de marché ? Selon Alexandre Morozov, l'emploi de la force armée devrait être l'exception. Il existe tant d'autres moyens de pression sur les voisins de la Russie. On peut notamment, explique-t-il, “réaliser des *anschluss* silencieux, avec des référendums et des unions volontaires, comme cela s'est passé en Crimée”. Il pense que cela “peut se faire dans les territoires pro-russes de Moldavie, comme la Transnistrie ou la Gagaouzie, proche de la frontière ukrainienne. Ou encore en Biélorussie, au nord du Kazakhstan, au Kirghizstan, en Arménie. Rien ne dit que Poutine pourra réaliser tout son programme, continue-t-il, mais il est certain qu'il en a assez des longues négociations avec ses voisins de la Communauté des États indépendants. Il a décidé d'emprunter un chemin plus direct et plus brutal. Il proposera notamment aux autres gouvernements de renoncer à leur monnaie, en ce contexte de crise globale, et d'adopter le rouble. Voici le plan. Poutine veut passer à une formation plus rapide de l'union eurasiatique[1]”. Même s'ils sont membres de l'Otan et si Barack Obama s'est récemment engagé à les défendre, il ne faut pas oublier que les pays baltes sont des cibles de choix pour Moscou. Les minorités russophones de Lettonie et d'Estonie (qui représentent 26 % de la population globale en 2014) pourraient devenir des prétextes pour une intervention. Dans le Caucase, malgré le départ du président pro-américain Mikhaïl Saakachvili à la fin

1. *Ibid.*

de 2013, la tentation de percer un corridor jusqu'à l'allié arménien, à travers le territoire géorgien, existe toujours. La poudrière des peuples du Caucase risque de s'allumer encore. Même les alliés de Poutine au sein de l'Union eurasiatique s'inquiètent. L'inamovible président du Kazakhstan Noursoultan Nazarbaïev n'a pas dû apprécier les étranges allusions de Vladimir Poutine, félicitant son homologue d'avoir "fondé un État sur un territoire où il n'y avait jamais eu d'État[1]"... Si le Kazakhstan est un État si jeune, que se passera-t-il à la mort de son supposé fondateur ? Soljenitsyne, dans *Comment réaménager notre Russie*[2] *?*, suggérait que les territoires russophones du nord du pays soient unis à la Fédération de Russie, en tant que "Sibérie du Sud". Quant aux anciens pays embrigadés de force dans le bloc soviétique, comme la Pologne, ils ont peur. Vladimir Poutine explore enfin une nouvelle frontière plus au nord, une région devenue stratégique, l'Arctique. En discutant avec des étudiants de l'université Lomonossov du Nord (arctique) dans la région d'Arkhangelsk, il confirme que "l'intérêt pour la région (...) grandit et va encore grandir[3]", car l'Arctique "offre de grandes perspectives[4]" pour les matières premières qu'il renferme et pour les nouvelles voies de navigation qu'ouvre la fonte des glaces – sans oublier la défense

1. Forum de la jeunesse russe Seliger 2014, 29 août 2014, région de Tver, Seliger.
2. Alexandre Soljenitsyne, *Comment réaménager notre Russie ?*, Fayard, 1990, *op. cit.*
3. *Ibid.*
4. *Ibid.*

de la Russie contre les sous-marins nucléaires américains. Symboliquement, une île, découverte par des pilotes russes, située dans la mer des Laptev et baptisée Yaya, a été "incorporée au territoire de la Russie" en octobre 2014. Si elle est minuscule, elle "permet d'étendre sensiblement les limites de la zone économique exclusive de la Russie en Arctique" explique le site de la radio d'État La Voix de la Russie[1]. Deux brigades de trois mille hommes chacune doivent par ailleurs être déployées d'ici 2017 dans le district de Iamal-Nenets, et des installations militaires implantées sur plusieurs territoires[2]… La lutte pour le Grand Nord vient de débuter. Elle promet d'être sans merci.

Personne ne sait, en réalité, comment Poutine va développer son empire : où, quand, comment il va agir. Ce qui est certain, c'est qu'il dispose désormais, grâce à certains philosophes russes, d'un socle idéologique solide, qu'il décline dans les mots et dans les actes. Au gré des événements, il va en faire des usages tactiques, s'appuyer davantage sur telle ou telle idée. Mais les fondements, l'empire et la guerre, eux, resteront certainement à la base de ses actes.

1. La Voix de la Russie, 16 octobre 2014.
2. Agence RIA Novosti, 1er octobre 2014.

IX

UNE IDÉOLOGIE POUR L'EUROPE ET POUR LE MONDE

Vladimir Poutine a un projet pour l'Europe et pour le monde. Et il est persuadé qu'il n'est pas très loin de le réaliser. Ce projet comporte deux volets. Le premier s'intitule très officiellement "le monde russe" tandis que le second vise à prendre la tête du mouvement conservateur en Europe – conservateur au sens poutinien, c'est-à-dire opposé à l'homosexualité, à l'athéisme, au cosmopolitisme, à Internet et à toute expression de créativité, assimilée à un désordre. La notion de "monde russe" apparaît au XIXe siècle, avec les premières grandes justifications idéologiques de l'Empire russe. Elle renaît dans les années 1990, avec l'éclatement de l'Empire soviétique. En 2000, des chercheurs soulèvent un paradoxe sur la situation russe contemporaine : "N'importe quel pays qui prétend au statut de (...) puissance mondiale s'efforce non seulement à satisfaire les intérêts de ses concitoyens, mais doit travailler aux intérêts de citoyens d'autres États et d'autres pays. Plus la Russie sera nécessaire à un nombre important de citoyens d'autres États, et plus la Russie aura une position pérenne dans le monde. La gouvernance russe peut et doit chercher

les fondements de sa durabilité et de sa nécessité dans les limites du Monde Russe, dans une politique de développement constructif de ses réseaux mondiaux[1]."
En clair, la Russie doit s'occuper des Russes qui vivent dans d'autres États, même s'ils n'ont pas la citoyenneté russe.

Ce "monde russe" s'est formé au cours des événements dramatiques qu'a traversés le XXe siècle. Le pays s'est d'abord vidé d'une partie de ses élites au moment de la révolution de 1917, à l'issue de la guerre civile et au début des années 1920. Une deuxième vague d'émigration a eu lieu en 1944-1945. Les dissidents, les refuzniks, ont suivi dans les années 1970-1980. Dans les années 1990, il y a eu des départs pour raisons économiques. À partir des années 2000, des jeunes partent faire leurs études à l'étranger et ne reviennent pas toujours. La fuite des cerveaux est préoccupante. Des millions de personnes ne vivent pas en Russie et se regroupent en communautés dans le monde entier. Le concept fait mouche parmi les politiques : il faut reconquérir les Russes de la diaspora. Dès son premier discours d'investiture, Poutine souligne l'importance de "protéger le citoyen russe partout, et dans notre pays, et à l'extérieur de ses frontières[2]". Il ne s'agit pas encore du monde russe proprement dit, qui concerne aussi les non-citoyens

1. "Russkij mir. Vozmojnye tseli samoopredelenija", sur le site Russkij Arkhipelag ("Le monde russe. Objectifs d'autodétermination possibles"). http://www.archipelag.ru/authors/shedrovicky_petr/?library=2015.
2. Discours d'investiture, 7 mai 2000, Moscou.

russophones. Mais le thème est en germe. L'année suivante, le président flatte les membres du "Congrès des compatriotes". À la chute de l'Union soviétique, émigrés et descendants d'émigrés russes rêvent de retrouver une place dans la "patrie" perdue – ou fantasmée. On leur propose alors d'obtenir le passeport russe. Certains revendiquent les propriétés familiales confisquées durant la révolution. Aristocrates, ils sont filmés pour la télévision devant leurs anciens palais. Les acteurs du monde de la culture sont dignement fêtés. Hommes d'affaires, professionnels, on leur propose de nouveaux contacts, voire des projets. Poutine sent qu'une force existe, et qu'il faut l'utiliser. Pensant à la fois aux anciens émigrés et aux citoyens soviétiques russophones dispersés dans les nouvelles républiques de l'ex-URSS, il lance : "La communauté russophone, avec les citoyens de Russie, occupe la cinquième place dans le monde. Des dizaines de millions de personnes, qui parlent, pensent, et peut-être – c'est encore plus important – sentent en russe, vivent hors des frontières de la Fédération de Russie[1]." Les objectifs qu'on leur assigne ne vont se dévoiler que progressivement. En 2004, en visite à Cannes, Vladimir Poutine célèbre ceux des émigrés russes qui ont "conservé pieusement les traditions de notre pays, soutenu par divers moyens la culture nationale, la langue russe et ont toujours été liés spirituellement à la Russie". Le projet officiel consacré au "monde russe" s'organise plus nettement dans les années suivantes et voit le jour en 2007. Son

1. Discours à l'ouverture du Congrès des compatriotes, 11 octobre 2001, Moscou.

champ d'application se veut plus large que la défense des minorités russophones dans l'ex-URSS ou l'exaltation des valeurs culturelles et spirituelles de l'émigration blanche. Le "monde russe" devient une structure de promotion de la langue russe. 2007 est choisie pour être l'année de la langue russe. En effet, suivant une conception romantique de la langue, typiquement slavophile, cette langue "n'est pas seulement le moyen de communication de millions de gens qui la parlent et la connaissent. C'est un concentré de notre trésor spirituel national[1]". Poutine promet des mesures concrètes pour sa promotion. Quelques jours plus tôt, il avait encouragé le journal russophone historique de l'immigration russe en France, *La Pensée russe*, auparavant lié à la dissidence antisoviétique, à "participer à l'union du « monde russe » – un monde de la science, du savoir, d'une riche histoire et d'une riche tradition[2]". D'ailleurs, quelques mois plus tôt, une nouvelle direction, très fidèle à la ligne idéologique poutinienne, de plus en plus conservatrice, vient de prendre les rênes du journal. À Moscou, l'année 2007 voit l'accession à la direction de la fondation du "monde russe" un historien proche du Kremlin, président de la fondation Politika, le député du parti Russie unie Viatcheslav Nikonov. Né en 1956, il n'est autre que le petit-fils de Viatcheslav Molotov, ministre des Affaires étrangères de Staline et signataire du Pacte germano-soviétique de 1939.

1. Mot introductif lors de la rencontre avec "l'intelligentsia créative", 26 novembre 2006, Saint-Pétersbourg.
2. Entretien accordé à *La Pensée russe*, 23 novembre 2006.

Le petit-fils a d'ailleurs consacré une biographie à son aïeul. Tandis que le grand-père défendait le stalinisme dans le monde, le petit-fils a pour mission de faire de chaque russophone vivant à l'étranger un porteur de la vision poutinienne du pays. Concrètement, il initie des programmes de promotion du russe dans tous les pays du monde, ouvre des maisons de la langue et la culture russe. Il s'accorde parfaitement à la vision du monde du président. En 2010, lors du Forum politique mondial, il affirme que "le modèle démocratique russe sera difficile à créer. Il ne sera ni américain, ni britannique : il sera typiquement russe, ou ne sera pas[1]". Sur l'hostilité supposée de l'Ouest envers la Russie, il est également sur la même longueur d'ondes. Il déclare à la *Pravda* en 2014 : "Un combat dirigé contre la Russie est mené depuis mille ans. Les jours actuels ne sont pas des exceptions, cette lutte de l'Occident contre la Russie ne cessera jamais[2]."

L'autre vecteur privilégié du "monde russe" est l'orthodoxie. Au moment de la réconciliation entre le patriarcat de Moscou et l'Église dite "hors frontières", fondée en opposition à la mise sous tutelle et à la soumission de l'Église aux bolcheviks, Poutine le confirme : "La renaissance de l'unité ecclésiale est une condition essentielle pour restaurer l'unité perdue de tout le

1. Intervention lors de la discussion sur le thème des "Standards de la démocratie et la diversité de l'expérience démocratique", organisée dans le cadre de la 2e édition du Forum politique mondial, 9 et 10 septembre 2010, Iaroslavl.
2. *Pravda*, 8 avril 2014, Pravda.ru.

« monde russe », dont l'un des fondements spirituels a toujours été la foi orthodoxe[1]." Un autre sort est réservé aux Églises orthodoxes qui répugnent à revenir sous le giron moscovite, désireuses de garder leur indépendance politique et spirituelle. En 2003, une brouille éclate entre le patriarcat dit œcuménique de Constantinople, dont dépendent les Églises russes de l'émigration, et celui de Moscou. Dans plusieurs pays d'Europe, Moscou réclame alors la "restitution" d'églises et de cathédrales construites avant la révolution, comme celle de Nice en France en 2009, ou provoque des changements de juridiction en influençant les clercs et les fidèles. La politique culturelle douce s'est transformée en offensive brutale. Toujours en France, n'ayant pas réussi à obtenir le contrôle de la cathédrale parisienne de la rue Daru à Paris, les dirigeants russes décident d'édifier "leur" cathédrale en face de la tour Eiffel, après avoir créé en 2009 leur séminaire orthodoxe dans la banlieue parisienne, à Épinay-sous-Sénart. L'État russe crée ou noyaute des associations linguistiques, économiques, culturelles ou religieuses afin de transformer les émigrés russes en agents d'influence totalement dociles.

Le second axe du projet d'influence de la nouvelle idéologie poutinienne est le message conservateur, qui cette fois s'adresse non seulement aux russophones mais à tous les citoyens européens. Pour le Kremlin, l'affaire

---

1. Intervention lors de la signature de l'acte de communion canonique entre le patriarcat de Moscou et l'Église orthodoxe russe hors frontières, 17 mai 2007, Moscou.

est entendue : l'Europe est en déclin économique et en décadence morale. Poutine considère que le rejet de l'Islam et les protestations liées au mariage homosexuel en France avaient un sens profond. Un tableau fantasmatique se dégage, selon lequel une petite bande d'ultramodernistes, inspirés par les théories du genre américaines, chercheraient subrepticement à imposer à la population des réformes menant à des changements anthropologiques majeurs, notamment la suppression de la filiation. Pour Poutine, c'est une étape importante de la guerre des civilisations. Il faut donc aider l'Europe à demeurer fidèle à ses racines chrétiennes et à ses valeurs traditionnelles. Au printemps 2014, le président russe assure avoir prévenu ses "amis" de la montée du populisme en Europe, qu'il attribue à une politique trop laxiste sur les questions de l'immigration ou du droit des homosexuels : "Cela fait des années que j'ai dit à mes amis en Europe que si vous continuez ainsi, sans prendre en compte l'humeur de la population dans votre propres pays, alors le nationalisme montera inexorablement. Et cela se passe ainsi[1]." Il faut exporter le tournant conservateur russe. Poutine se veut le héraut de cette vague antimoderniste.

Dans cette optique, l'État russe a implanté, à New York et Paris, en 2007, des "Instituts de la démocratie et de la coopération". Leur objectif est de véhiculer les valeurs de la nouvelle Russie. Il faut répondre aux critiques adressées par les États occidentaux quant au

1. Rencontre avec les directions des agences de presse mondiales, 24 mai 2014, Saint-Pétersbourg.

respect des droits de l'homme en Russie. Et si, donc, la Russie contrôlait à son tour les atteintes aux droits dans ces pays hypocrites qui se disent irréprochables ? L'objet officiel de ces instituts est donc d'"étudier et [d']évaluer l'organisation du processus électoral et le suivi des élections ; [de] promouvoir les études et l'élaboration des programmes efficaces visant à lutter contre la xénophobie, le racisme, l'extrémisme et le terrorisme[1]". Mais les Instituts de la démocratie et la coopération organisent également des séminaires et des conférences autour des grands axes de la nouvelle doctrine du Kremlin : la défense d'un monde multipolaire contre l'hégémonie américaine, la défense de la "famille traditionnelle", la "réinformation" sur la guerre en Syrie, sur les événements en Ukraine, etc. Ses représentants sont régulièrement invités dans les médias pour apporter un contrepoint "politiquement incorrect" à "la propagande occidentale". La guerre de l'information, après l'annexion de la Crimée et le soutien des séparatistes en Ukraine, est un vecteur essentiel de l'influence russe. Le groupe de médias "La Russie aujourd'hui", en allemand et en français, bénéficie d'un budget qui s'élève à plusieurs dizaines de millions d'euros. Il a lancé en novembre 2014 un réseau d'information international baptisé "Spoutnik". Le "magazine pour la souveraineté" *Compact*, en langue allemande, diffuse les idées du Kremlin outre-Rhin. Cette volonté de représenter pour le monde la patrie du conservatisme se ressent aussi dans les liens de plus en plus étroits noués avec des mouvements populistes

1. Statuts de l'association.

et d'extrême droite, notamment le Front national français. Le président russe mise sur la montée en puissance et la victoire de Marine Le Pen. Celle-ci admire beaucoup le président russe. Des délégations du Front national se rendent en Russie et accueillent en retour des officiels proches du Kremlin. Le conseiller diplomatique de Marine Le Pen Aymeric Chauprade, grand adepte de l'eurasisme, faisait, lui, partie des "observateurs indépendants" allés contrôler la bonne tenue du référendum de rattachement de la Crimée à la Russie. Sur la première chaîne de télévision russe, il a pu faire croire aux spectateurs que la France approuvait cette consultation. Une partie de l'UMP – le mouvement des Jeunes populaires notamment – ainsi que du Front de gauche sont également acquis à Poutine, cet "homme fort" qui ose braver l'Amérique. Des hommes politiques comme Thierry Mariani (UMP) ne cachent pas leur admiration pour le président russe. L'audience de Poutine, incontestablement, grandit en Europe.

Exemple de ce soutien aux conservateurs les plus radicaux : en août 2014, le président russe reçoit l'homme politique antieuropéen, islamophobe et ultraconservateur Philippe de Villiers, qui dirige le Mouvement pour la France. Il l'accueille à Yalta, en Crimée. Ce qui intéresse certainement le plus Poutine n'est pas un homme qui a déserté la scène politique française, mais le fait que son frère occupe la fonction de chef d'état-major des armées françaises depuis février 2014... Poutine est en outre friand de tout acte manifestant une approbation de l'annexion de la péninsule. Il soutient l'idée d'y aménager un parc d'attractions historique semblable à celui que Philippe de Villiers a créé au Puy-du-Fou en Vendée. Il faut noter que la Russie veut également faire du 84e sujet de la Fédération une zone ouverte aux casinos. À la fin du mois d'avril 2014, il a déposé un projet de loi ajoutant la Crimée aux "zones de jeux" autorisées en Russie. La loi a été votée en mai. Les casinos se construisent. Il fallait à la Crimée un divertissement plus moral : Philippe de Villiers, avec son spectacle historique, tombe à pic. Ce dernier fait allégeance au nouveau champion du conservatisme : "Le président Vladimir Poutine est une figure, un homme beaucoup plus respecté, dans le cœur et l'âme de nombreux Européens, que la plupart des leaders et des dirigeants européens[1]." Poutine approuve : "Les personnes qui partagent nos approches, nos vues, sont assez nombreuses, c'est vrai. Et nous allons continuer à tracer notre route, à défendre nos principes et nos vues, et à nous appuyer sur les personnes qui partagent nos vues, en Russie, en France et dans le monde entier[2]." Poutine compte sur l'arrivée au pouvoir des partis populistes ou d'extrême droite pour devenir le leader de l'Europe. Il met tous les moyens nécessaires, y compris financiers, pour y parvenir.

Finalement, les différents plans de l'idéologie poutinienne s'articulent parfaitement. Pour construire l'empire eurasiatique le plus large possible, Poutine doit mobiliser la population russe autour de l'idée

---

1. Rencontre avec le leader du Mouvement pour la France, Philippe de Villiers, 14 août 2014, Yalta. Cf site de la présidence russe.
2. *Ibid.*

d'une "voie" historique particulière. Et pour faire basculer le reste du monde en sa faveur, il a décidé de se faire le champion d'un paradigme antimoderniste et archéo-conservateur. Ce faisant, il demeure fidèle à son héritage soviétique originel. Durant le XXe siècle, l'URSS a travaillé, avec un certain succès, à installer ou maintenir des régimes amis, à soutenir les partis frères, à s'emparer des âmes, à faire passer le communisme, dans sa version soviétique, pour le seul grand rêve d'émancipation digne d'être défendu. Mais à la chute de l'Union soviétique, la Russie a dû se résigner à devenir un pays comme un autre, ni pire ni meilleur. Désormais, grâce au pan le plus nationaliste et pseudo-scientifique de la philosophie russe, Poutine rend à la Russie sa vocation idéologique internationale. Le conservatisme identitaire doit devenir un phare pour tous les peuples du monde. La mobilisation conservatrice, initiée et dirigée par le Kremlin, n'a plus de frontières. L'URSS n'était pas un pays, mais un concept. Avec Poutine, la Russie est à nouveau le nom d'une idée.

REMERCIEMENTS

Pour leur aide et leurs conseils, un grand merci à Galia Ackerman, Daria Appolonova, Alexis Berelowitch, Wolfram Eilenberger, toute l'équipe de *Philosophie Magazine*, Alexeï Kozyrev, Sergueï Khazov-Cassia, Bernard Marchadier, Ilya Platov, Constantin Sigov, Cyrille Sollogoub, Matthieu Sollogoub, Thierry Wolton. Sans oublier mon éditeur, attentif et chaleureux, Michel Parfenov.

Pour leurs encouragements et leur soutien, merci à Élisabeth et à mes enfants, André, Rébecca et Alexandre.

Ce livre a pour origine un article publié dans le n° 80 (juin 2014) de *Philosophie Magazine*.

TABLE

OUVRAGE RÉALISÉ
PAR L'ATELIER GRAPHIQUE ACTES SUD
REPRODUIT ET ACHEVÉ D'IMPRIMER
EN JANVIER 2015
PAR NORMANDIE ROTO IMPRESSION S.A.S.
À LONRAI
POUR LE COMPTE DES ÉDITIONS
ACTES SUD
LE MÉJAN
PLACE NINA-BERBEROVA
13200 ARLES

DÉPÔT LÉGAL
1re ÉDITION : FÉVRIER 2015
N° impr. : 1500089
(Imprimé en France)